中华人民共和国反洗钱法

新旧对照与重点解读

U0452937

中国法治出版社
CHINA LEGAL PUBLISHING HOUSE

目　录

《中华人民共和国反洗钱法》学习导读

反洗钱法是反洗钱工作的法律依据和基本遵循。现行反洗钱法于2006年10月31日由第十届全国人民代表大会常务委员会第二十四次会议审议通过，自2007年1月1日起施行。反洗钱法明确了反洗钱的定义、反洗钱监督管理职责、金融机构反洗钱义务、反洗钱调查和国际合作等内容，并对特定非金融机构反洗钱义务以及防范恐怖主义融资活动作出衔接性制度安排。建立了我国反洗钱预防和监管法律制度，在维护金融秩序和防范金融风险，预防洗钱活动、遏制上游犯罪，开展反洗钱国际合作等方面发挥了积极作用。

随着我国金融业的快速发展和反洗钱形势的不断变化，近年来反洗钱工作也反映出一些新情况和新问题，需要通过修改法律予以解决。

党中央高度重视金融重点领域立法。党的二十大报告提出，要加强和完善现代金融监管，守住不发生系统性风险底线，强化经济、金融等安全保障体系建设。

习近平总书记指出，要及时推进金融重点领域和新兴领域立法。使所有资金流动都置于金融监管机构的监督视野之内。完善金融领域涉外法治，不断适应金融发展实践需要。

修订反洗钱法是系统加强金融法治建设的一项重要立法任务，列入了全国人大常委会2024年度立法工作计划。2024年11月8日，十四届全国人大常委会第十二次会议高票通过修订后的《中华人民共和国反洗钱法》，国家主席习近平签署主席令予以公布，自2025年1月1日起施行。修订反洗钱法是贯彻落实党的二十大、二十届三中全会加强金融法治建设、完善涉外领域立法相关要求的具体举措。对于维护金融安全，健全国家金融风险防控体系，扩大金融高水平双向开放，提高参与国际金融治理能力具有重要意义。

此次修订反洗钱法，有以下主要内容：

一、明确反洗钱工作的基本原则和工作要求

新修订的反洗钱法充分总结并提炼了我国开展反洗钱工作的经验和成果，在总则部分规定反洗钱工作应当贯彻落实党和国家路线方针政策、决策部署，坚持总体国家安全观，完善监督管理体制机制，健全风险防控体系；明确反洗钱工作应当依法进行，确保反洗钱措施与洗钱风险相适应，保障正常金融服务和资金流转顺利进行，维护单位和个人的合法权益。

二、完善反洗钱的定义

修订后的反洗钱法适应反洗钱新形势新要求，进一步完善洗钱上游犯罪范围的表述，在保留洗钱上游犯罪的七类重点犯罪类型的基础上，规定掩饰、隐瞒“其他犯罪”的犯罪所得及其收益的来源、性质也属于洗钱活动。这样规定，一方面揭示洗钱活动的主要类型和危害，突出反洗钱工作的重心和重点，另一方面进一步明确了洗钱的上游犯罪范围，对开展反洗钱工作做出准确指引。同时明确预防恐怖主义融资活动适用反洗钱法的有关规定。

三、加强反洗钱监督管理

一是明确职责分工。国务院反洗钱行政主管部门负责全国的反洗钱监督管理工作，其派出机构在法律授权范围内进行监督检查。国务院有关金融管理部门、有关特定非金融机构主管部门在各自的职责范围内履行反洗钱监督管理职责。有关特定非金融机构主管部门根据需要，可以请求反洗钱行政主管部门协助。各有关部门要加强反洗钱工作的相互配合。

二是加强风险防控与监督管理。明确设立反洗钱监测分析机构，要求其健全监测分析体系，提高监测分析水平，按照规定反馈可疑交易报告使用情况。规定国务院反洗钱行政主管部门负责开展反洗钱资金监测，评估国家、行业面临的洗钱风险，及时监测与新领域、新业态相关的新型洗钱风险，并加强指导和支持反洗钱技术创新；明确反洗钱行政主管部门进行监督检查的措施、程序。

三是完善国务院反洗钱行政主管部门与国家有关机关开展反洗钱工作的信息交换机制；对涉及洗钱以及相关违法犯罪的交易活动线索和相关证据材料的移送、处理结果反馈作出制度安排；建立受益所有人信息管理、使用制度等。

四、进一步细化反洗钱义务规定

一是完善金融机构反洗钱义务，根据反洗钱工作的发展，在客户身份识别制度基础上进一步建立客户尽职调查制度，明确其适用条件和程序；延长客户身份资料和交易记录保存时间；细化大额交易报告制度和可疑交易报告制度要求；明确采取洗钱风险管理措施的条件和要求，同时要求金融机构采取洗钱风险管理措施应当限于其业务权限范围内，体现合理性、适当性原则；要求金融机构关注、评估运用新技术、新产品、新业务等带来的洗钱风险，以应对新型洗钱风险。

二是规定特定非金融机构的反洗钱义务，要求其在从事特定业务时，参照金融机构履行反洗钱义务的相关规定，履行反洗钱义务。同时，照顾到特定非金融机构涉及行业、领域差异大的实际情况，明确其根据行业特点、经营规模、洗钱风险状况履行反洗钱义务。

三是规定单位和个人不得从事洗钱活动或者为洗钱活动提供便利，应当配合金融机构和特定非金融机构依法开展的客户尽职调查；按照要求对特定对象采取反洗钱特别预防措施。

五、完善反洗钱调查制度

一是将开展反洗钱调查的主体明确为国务院反洗钱行政主管部门或者其设区的市级以上派出机构，并严格开展反洗钱调查的批准程序；规定反洗钱调查涉及特定非金融机构的，可以请求有关特定非金融机构主管部门予以协助。

二是明确规定了开展反洗钱调查可以采取的措施和程序。

六、完善反洗钱国际合作相关规定

一是根据实践情况完善各部门国际合作权限，明确国务院反洗钱行政主管部门负责组织、协调反洗钱国际合作，拓展国际合作的对象范围；明确其他国家机关依法在职责范围内开展反洗钱国际合作。

二是明确国家有关机关按照对等原则或者经与有关国家协商一致，可以要求符合条件的境外金融机构配合我国有关机关依法调查洗钱和恐怖主义融资活动。

三是规定外国国家、组织直接要求金融机构提交信息，扣划资金、资产的，不得擅自执行，以有效维护境内企业、个人的合法权益和国家金融安全。

七、完善法律责任

一是针对反洗钱义务主体涉及行业多、经营规模差异大的情况，新修订的反洗钱法在适度提高违法成本的同时，按照过罚相当原则，对金融机构以及责任人员的相关违法行为，设置了不同档次的法律责任。综合适用责令整改、警告、罚款、限制开展业务等多种处置、处罚方式。对金融机构的责任人员能够证明勤勉尽责的，明确可以不予处罚。

二是针对特定非金融机构的性质和履行反洗钱义务的实际能力，对其违法行为设置了不同于金融机构的，更为科学合理的具体处罚标准。

三是针对“地下钱庄”等一些采取非法渠道实施洗钱的行为，进一步明确与刑法的衔接。明确规定利用金融机构、特定非金融机构实施或者通过非法渠道实施洗钱犯罪的，依法追究刑事责任。

四是授权国务院反洗钱行政主管部门综合各方面情况，制定相关行政处罚裁量基准。

反洗钱工作需要全社会重视、理解和支持。为了做好新修订反洗钱法的宣传解读工作，便于有关部门和单位、社会公众学习、了解新修订反洗钱法的相关规定，全国人大常委会法制工作委员会刑法室参与反洗钱法修订工作的同志编写了《中华人民共和国反洗钱法新旧对照与重点解读》这部书籍，由全国人大常委会法制工作委员会刑法室二级巡视员王宁担任主编。由于水平有限，不当之处在所难免，欢迎读者批评指正。

编　者

2024 年 11 月

《中华人民共和国反洗钱法》新旧对照与重点解读表*

（左栏阴影部分为删去的内容，左栏下划线部分为移动的内容，右栏黑体部分为增加和修改的内容）

修订前	修订后
目　录	目　录
第一章　总则	第一章　总则
第二章　反洗钱监督管理	第二章　反洗钱监督管理
第三章　金融机构反洗钱义务	第三章　反洗钱义务
第四章　反洗钱调查	第四章　反洗钱调查
第五章　反洗钱国际合作	第五章　反洗钱国际合作
第六章　法律责任	第六章　法律责任
第七章　附则	第七章　附则

* 以下表格左栏为2006年10月31日第十届全国人民代表大会常务委员会第二十四次会议通过的原《反洗钱法》，右栏为2024年11月8日第十四届全国人民代表大会常务委员会第十二次会议修订的新《反洗钱法》。

第一章 总　　则

第一条 【立法目的】

修订前	修订后
第一条 为了预防洗钱活动，维护金融秩序，遏制洗钱犯罪及相关犯罪，制定本法。	**第一条** 为了预防洗钱活动，遏制洗钱**以及**相关犯罪，**加强和规范反洗钱工作，**维护金融秩序、**社会公共利益和国家安全，根据宪法，**制定本法。

这次修订对原反洗钱法第一条进行了修改，补充完善了反洗钱法的立法目的和立法根据。

主要作了以下修改：一是将“遏制洗钱以及相关犯罪”前移，与“为了预防洗钱活动”更紧密衔接。二是增加“加强和规范反洗钱工作”的规定，既保障反洗钱工作于法有据，同时强调反洗钱工作应依法进行。三是增加维护“社会公共利益和国家安全”作为立法目的的重要方面。依法开展反洗钱工作，遏制洗钱及其上游犯罪，防范恐怖主义融资活动，必然有利于维护社会公共利益和国家安全。四是增加“根据宪法”作为本法立法根据。反洗钱法预防洗钱活动和遏制洗钱以及相关犯罪，规定反洗钱措施，规范权力行使，加强对个人和组织合法权益的保护等内容与宪法相关规定有密切联系，有必要明确其立法根据。

第二条 【反洗钱定义】

修订前	修订后
第二条 本法所称反洗钱，是指为了预防通过各种方式掩饰、隐瞒毒品犯罪、黑社会性质的组织犯罪、恐怖活动犯罪、走私犯罪、贪污贿赂犯罪、破坏金融管理秩序犯罪、金融诈骗犯罪等犯罪所得及其收益的来源和性质的洗钱活动，依照本法规定采取相关措施的行为。 **第三十六条** 对涉嫌恐怖活动资金的监控适用本法；其他法律另有规定的，适用其规定。	**第二条** 本法所称反洗钱，是指为了预防通过各种方式掩饰、隐瞒毒品犯罪、黑社会性质的组织犯罪、恐怖活动犯罪、走私犯罪、贪污贿赂犯罪、破坏金融管理秩序犯罪、金融诈骗犯罪**和其他**犯罪所得及其收益的来源、性质的洗钱活动，依照本法规定采取相关措施的行为。 **预防**恐怖**主义融资**活动适用本法；其他法律另有规定的，适用其规定。

这次修订将原反洗钱法第二条与第三十六条合并为第二条，进一步完善了反洗钱的定义。

主要作了以下修改：一是进一步明确洗钱上游犯罪的范围。在明确列举洗钱的七类上游犯罪后，将“等犯罪”修改为“和其他犯罪”，进一步明确了洗钱的上游犯罪还包括其他犯罪所得及其收益的各种犯罪，适应了反洗钱新形势新要求，与刑法和相关国际规则作好衔接。通过修改，一方面保留原法对洗钱上游犯罪的七类重点犯罪类型的列举，以揭示洗钱活动的主要类型和危害，突出反洗钱工作的重心和重点，另一方面明确了洗钱的上游犯罪范围，对开展反洗钱工作作出指引。二是将原反洗钱法第三十六条关于涉及恐怖活动资金监控适用反洗钱法的规定，作为本条第二款，修改为“预防恐怖主义融资活动适用本法”，内涵更加明确和全面，也突出了反洗钱在预防恐怖主义融资活动方面的关键性作用，与联合国《制止向恐怖主义提供资助的国际公约》以及有关国际规则衔接。

第三条 【反洗钱工作原则】

修订前	修订后
未作规定。	**第三条 反洗钱工作应当贯彻落实党和国家路线方针政策、决策部署，坚持总体国家安全观，完善监督管理体制机制，健全风险防控体系。**

这次修订增加了本条规定，明确了反洗钱工作原则。

增加本条规定，主要是通过总结我国反洗钱工作的经验和实践做法，明确反洗钱工作原则，以指导反洗钱工作正确开展。一是应当贯彻落实党和国家路线方针政策、决策部署。这也是反洗钱工作的总体要求。二是坚持总体国家安全观。反洗钱工作要在推进国家安全体系和安全能力现代化，维护国家安全和社会稳定的目标任务下，依法进行。三是完善监督管理体制机制。随着经济社会发展和情况变化，洗钱活动不断出现新的情况和特点。反洗钱监督管理体制机制也需要与时俱进，不断完善。四是健全风险防控体系。完善以风险为本的反洗钱工作机制，优化风险的识别和防范，通过有效措施实现降低洗钱风险的目的。

第四条 【反洗钱工作要求】

修订前	修订后
未作规定。	**第四条 反洗钱工作应当依法进行，确保反洗钱措施与洗钱风险相适应，保障正常金融服务和资金流转顺利进行，维护单位和个人的合法权益。**

这次修订增加了本条规定，明确了反洗钱工作要求。

增加本条规定：一是强调反洗钱工作应当依法进行。反洗钱工作需要按照法律法规的规定实施和执行。负有反洗钱监督管理职责的行政监管部门要在法律授权范围内行使权力，履行反洗钱义务的个人和主体要在法律规定的范围内履行义务，同时其合法权利受法律保护。二是确保反洗钱措施与洗钱风险相适应。反洗钱相关措施应当与洗钱风险相匹配，相关措施应当合法合理、符合比例原则。三是保障正常金融服务和资金流转顺利进行。开展反洗钱工作要坚持系统思维，处理好防范洗钱风险与保障交易顺畅的关系，避免对正常资金流转和金融服务产生不利影响，防止简单化、一刀切，举措失当。四是维护单位和个人的合法权益。反洗钱工作应依法维护单位和个人的合法权益，提高反洗钱工作的精准度，提升人民群众对反洗钱工作的支持和理解，并切实保障单位和个人的合法权益不受侵害。

第五条　【监督管理体制】

修订前	修订后
第四条　国务院反洗钱行政主管部门负责全国的反洗钱监督管理工作。国务院有关部门、机构在各自的职责范围内履行反洗钱监督管理职责。 国务院反洗钱行政主管部门、国务院有关部门、机构和司法机关在反洗钱工作中应当相互配合。	**第五条**　国务院反洗钱行政主管部门负责全国的反洗钱监督管理工作。国务院有关部门在各自的职责范围内履行反洗钱监督管理职责。 国务院反洗钱行政主管部门、国务院有关部门、**监察机关**和司法机关在反洗钱工作中应当相互配合。

这次修订对原反洗钱法第四条进行了修改，条文序号调整为第五条，完善了反洗钱监督管理体制。

主要作了以下修改：一是根据机构改革情况将负有反洗钱监管职责的国务院有关机构修改为有关部门，删去“机构”的规定。二是对反洗钱工作中各监管单位应当相互配合的规定，增加监察机关。

第六条 【反洗钱义务主体及义务】

修订前	修订后
第三条 在中华人民共和国境内设立的金融机构和按照规定应当履行反洗钱义务的特定非金融机构，应当依法采取预防、监控措施，建立健全客户身份识别制度、客户身份资料和交易记录保存制度、大额交易和可疑交易报告制度，履行反洗钱义务。	**第六条** 在中华人民共和国境内**（以下简称境内）**设立的金融机构和**依**照**本法**规定应当履行反洗钱义务的特定非金融机构，应当依法采取预防、监控措施，建立健全**反洗钱内部控制制度，履行**客户**尽职调查**、客户身份资料和交易记录保存、大额交易和可疑交易报告**、反洗钱特别预防措施等**反洗钱义务。

这次修订对原反洗钱法第三条进行了修改，条文序号调整为第六条，完善了反洗钱义务主体及其相关义务的规定。

主要作了以下修改：一是增加履行反洗钱义务的主体应当建立健全“反洗钱内部控制制度”的规定，这是将原来具体条文中的规定在总则中进一步加以强调。二是将反洗钱义务主体建立健全“客户身份识别制度”修改为履行“客户尽职调查”义务，以适应反洗钱工作新的发展和新的要求。三是增加反洗钱义务主体应当履行反洗钱特别预防措施等义务。

第七条 【反洗钱信息保护】

修订前	修订后
第五条 对依法履行反洗钱职责或者义务获得的客户身份资料和交易信息，应当予以保密；非依法律规定，不得向任何单位和个人提供。 反洗钱行政主管部门和其他依	**第七条** 对依法履行反洗钱职责或者义务获得的客户身份资料和交易信息**、反洗钱调查信息等反洗钱信息**，应当予以保密；非依法律规定，不得向任何单位和个人提供。

法负有反洗钱监督管理职责的部门、机构履行反洗钱职责获得的客户身份资料和交易信息，只能用于反洗钱行政调查。 司法机关依照本法获得的客户身份资料和交易信息，只能用于反洗钱刑事诉讼。	反洗钱行政主管部门和其他依法负有反洗钱监督管理职责的部门履行反洗钱职责获得的客户身份资料和交易信息，只能用于反洗钱**监督管理和**行政调查**工作**。 司法机关依照本法获得的客户身份资料和交易信息，只能用于反洗钱**相关**刑事诉讼。 **国家有关机关使用反洗钱信息应当依法保护国家秘密、商业秘密和个人隐私、个人信息。**

这次修订对原反洗钱法第五条进行修改完善，条文序号调整为第七条，扩大应当予以保密的反洗钱信息的范围，完善反洗钱信息用途规定，增加国家有关机关保护反洗钱信息的规定。

主要作了以下修改：一是在对客户身份信息资料和交易信息进行保密的基础上，增加"反洗钱调查信息等反洗钱信息"作为保密的对象。二是增加履行职责获取的客户身份信息和交易信息在用于行政调查工作的基础上，可以用于反洗钱监督管理工作的规定，将可以用于"反洗钱行政调查"适当扩大到可以用于"反洗钱监督管理和行政调查"。履责过程中获得的客户身份资料和交易信息只能用于上述用途，这一规定体现了严格反洗钱信息用途的精神。三是将司法机关获取的客户身份资料和交易信息用于"反洗钱刑事诉讼"修改为"反洗钱相关刑事诉讼"，如追究洗钱上游犯罪刑事诉讼等特定情形。四是增加一款作为第四款，规定国家有关机关使用反洗钱信息应当依法保护国家秘密、商业秘密和个人隐私、个人信息。反洗钱信息涉及客户个人隐私、个人信息和商业秘密，应当依法严格保护。国家有关机关向反洗钱行政主管部门、金融机构等获取反洗钱信息应当有法律明确规定的依据。

第八条【履职行为受法律保护】

修订前	修订后
第六条 履行反洗钱义务的机构及其工作人员依法提交大额交易和可疑交易报告，受法律保护。	**第八条** 履行反洗钱义务的机构及其工作人员依法**开展**提交大额交易和可疑交易报告**等工作**，受法律保护。

这次修订对原反洗钱法第六条进行修改完善，条文序号调整为第八条，明确除提交大额交易和可疑交易报告工作外，有关机构及其工作人员依法履行反洗钱职责的其他工作也受法律保护。

主要作了以下修改：在提交大额交易和可疑交易报告后增加“等工作”，同时完善表述。除提交大额交易和可疑交易报告工作外，履行反洗钱义务的机构及其工作人员依法开展客户尽职调查、采取相应风险管理措施等履责行为同样应受法律保护。对于金融机构和特定非金融机构依法开展提交大额交易和可疑交易报告等工作，不得以违反保护个人隐私和商业秘密、侵犯他人权利等为由，追究刑事责任、行政责任和民事责任，也不应因当事人投诉等行为影响考核、考评等。依法履职受法律保护，有利于打消顾虑，支持、督促相关机构依法履行反洗钱义务。对于故意侵害他人利益、非依法定条件和程序采取措施，给他人造成不当损害的，应当及时纠正并依法承担责任。

第九条 【反洗钱宣传教育】

修订前	修订后
未作规定。	**第九条** 反洗钱行政主管部门会同国家有关机关通过多种形式开展反洗钱宣传教育活动，向社会公众宣传洗钱活动的违法性、危害性及其表现形式等，增强社会公众对洗钱活动的防范意识和识别能力。

这次修订增加了本条规定，明确反洗钱宣传教育工作的主管部门、反洗钱宣传教育主要内容和目的。

增加本条规定，是为了加强反洗钱宣传教育工作，增强社会公众对洗钱活动的防范意识和识别能力，在社会面上有效防范、警示洗钱活动。主要包括三个方面内容：一是反洗钱行政主管部门会同国家有关机关开展反洗钱宣传教育活动。反洗钱行政主管部门全面负责反洗钱宣传教育活动，是宣传教育的主要责任部门，同时国家有关机关如特定非金融机构主管部门、国家宣传部门、教育部门等也应在反洗钱行政主管部门要求时共同开展反洗钱宣传教育活动。宣传教育活动应当通过多种形式，有针对性地开展，取得实在效果。二是应当重点宣传洗钱活动的违法性、危害性及其表现形式等，让社会公众知晓洗钱行为方式，提高防范意识，避免上当受骗，同时做到遵守法律，不从事洗钱活动、为洗钱活动提供便利或者帮助他人洗钱。三是宣传教育目的是增强社会公众对洗钱活动的防范意识和识别能力，在全社会形成反洗钱的氛围和意识，做到不从事洗钱活动，提高社会公众遵法守法意识。

第十条　【单位和个人的义务】

修订前	修订后
未作规定。	第十条　任何单位和个人不得从事洗钱活动或者为洗钱活动提供便利，并应当配合金融机构和特定非金融机构依法开展的客户尽职调查。

这次修订增加了本条规定，增加任何单位和个人不得从事洗钱或者为洗钱提供便利的禁止性规定和配合客户尽职调查的义务性规定。

增加本条规定，从法律上明确严禁洗钱活动，同时规定单位和个人配合依法开展的客户尽职调查，从而为金融机构和特定非金融机构依法履行客户尽职调查职责提供支持。主要包括两个方面内容：一是规定任何单位和个人不得从事洗钱活动或者为洗钱活动提供便利。从事洗钱活动以及为洗钱活动提供便利的行为都是违法犯罪行为，任何单位和个人不得从事洗钱活动，也不得为洗钱活动提供任何便利，如明知他人实施洗钱活动为其提供银行账户、支付账户或者支付结算服务等。二是规定任何单位和个人都应配合金融机构和特定非金融机构依法开展的客户尽职调查。开展客户尽职调查是反洗钱工作的一项基础性制度，是金融机构、特定非金融机构履行反洗钱职责的重要方面。实践中金融机构依法开展客户尽职调查时存在客户不配合的情况，本条对此作了明确，配合金融机构等依法开展客户尽职调查是单位和个人的法律义务。违反该义务，拒不配合金融机构依照本法采取的合理的客户尽职调查措施的，金融机构按照规定的程序，可以采取限制或者拒绝办理业务等洗钱风险管理措施，并根据情况提交可疑交易报告。客户认为金融机构采取措施不当的，可依法提出异议，或者向人民法院起诉。

第十一条　【举报和表彰奖励】

修订前	修订后
第七条　任何单位和个人发现洗钱活动，有权向反洗钱行政主管部门或者公安机关举报。接受举报的机关应当对举报人和举报内容保密。	**第十一条**　任何单位和个人发现洗钱活动，有权向反洗钱行政主管部门、公安机关或者**其他有关国家机关**举报。接受举报的机关应当对举报人和举报内容保密。 **对在反洗钱工作中做出突出贡献的单位和个人，按照国家有关规定给予表彰和奖励。**

这次修订对原反洗钱法第七条进行修改完善，条文序号调整为第十一条，明确任何单位和个人有权举报洗钱活动，增加接受举报的国家机关范围，增加规定对在反洗钱工作中做出突出贡献的给予表彰奖励，动员社会各方面共同做好反洗钱工作。

主要作了以下修改：一是在原法律条文规定发现洗钱活动可以向“反洗钱行政主管部门或者公安机关”举报的基础上增加可以向“其他

有关国家机关”举报的规定。增加“其他有关国家机关”，有利于方便当事人举报，更广泛获取洗钱行为线索。这里的其他国家机关，包括国务院金融监督管理机构（如国家金融监管总局），特定非金融机构主管部门，也包括海关、税务、市场监管等在其法定职责内履行反洗钱监管职责的部门和机构。二是增加对在反洗钱工作中做出突出贡献的单位和个人，按照国家规定给予表彰和奖励的规定。表彰和奖励，包括物质奖励和精神奖励，是对做出突出贡献的单位和个人反洗钱工作的肯定，有利于提高单位和个人反洗钱工作的积极性和主动性，促进反洗钱工作积极开展。这里的表彰及奖励，要依照“国家有关规定”，做到依法予以表彰和奖励。

第十二条　【域外适用】

修订前	修订后
未作规定。	第十二条　在中华人民共和国境外（以下简称境外）的洗钱和恐怖主义融资活动，危害中华人民共和国主权和安全，侵犯中华人民共和国公民、法人和其他组织合法权益，或者扰乱境内金融秩序的，依照本法以及相关法律规定处理并追究法律责任。

这次修订增加了本条规定，对域外适用效力作出规定。

增加本条规定，对在境外发生的洗钱和恐怖主义融资活动依法进行处理并追究法律责任。本条规定包括三个方面的内容：一是本条规定是从保护管辖原则出发，针对的是发生在境外的洗钱和恐怖主义融资活动。考虑到洗钱、恐怖主义融资活动及其危害的跨地域性，以及开展国际反洗钱合作与斗争的实践需要，有必要增加域外适用的规定。这是在反洗钱工作领域加强法的域外适用的重要体现。二是并非适用于所有的境外洗钱和恐怖主义融资活动，而是要求具备危害中华人民共和国主权和安全，侵犯中华人民共和国公民、法人和其他组织合法权益，或者扰乱境内金融秩序的条件，这是适用本法及相关法律的前提。需要注意的是，发生在境外的洗钱、恐怖主义融资活动有上述三种危害情形之一的，即可适用本法以及相关法律。三是依照本法以及相关法律规定处理并追究法律责任。对在域外发生的洗钱、恐怖主义融资活动，我国法律对洗钱和恐怖主义融资活动作出规定的都可以适用，包括依照本法规定要求其履行义务、对其采取措施或者作出处罚，以及依照刑法、反恐怖主义法等规定追究法律责任等。

第二章　反洗钱监督管理

第十三条　【反洗钱行政主管部门职责】

修订前	修订后
第八条　国务院反洗钱行政主管部门组织、协调全国的反洗钱工作，负责反洗钱的资金监测，制定或者会同国务院有关金融监督管理机构制定金融机构反洗钱规章，监督、检查金融机构履行反洗钱义务的情况，在职责范围内调查可疑交易活动，履行法律和国务院规定的有关反洗钱的其他职责。 国务院反洗钱行政主管部门的派出机构在国务院反洗钱行政主管部门的授权范围内，对金融机构履行反洗钱义务的情况进行监督、检查。	**第十三条**　国务院反洗钱行政主管部门组织、协调全国的反洗钱工作，负责反洗钱的资金监测，制定或者会同国务院有关金融管理**部门**制定金融机构反洗钱**管理规定**，监督检查金融机构履行反洗钱义务的情况，在职责范围内调查可疑交易活动，履行法律和国务院规定的有关反洗钱的其他职责。 国务院反洗钱行政主管部门的派出机构在国务院反洗钱行政主管部门的授权范围内，对金融机构履行反洗钱义务的情况进行监督检查。

这次修订对原反洗钱法第八条作了修改，将条文序号调整为第十三条，完善了反洗钱行政主管部门反洗钱监管职责的表述。

主要作了以下修改：一是根据国务院机构改革的调整变化，将“金融监督管理机构”修改为“金融管理部门”，国务院有关金融管理部门包括国家金融监管总局、中国证监会和国家外汇管理局。二是将制定金融机构反洗钱“规章”修改为“管理规定”，以包括规范性文件。根据有关规定，中国人民银行作为国务院反洗钱行政主管部门，其反洗钱职责主要包括：1. 组织、协调全国的反洗钱工作。2. 通过设立反洗钱监测分析机构，开展反洗钱资金监测。3. 制定或者会同国务院有关金融管理部门制定金融机构反洗钱管理规定。4. 监督检查金融机构履行反洗钱义务的情况。5. 在职责范围内调查可疑交易活动。6. 其他职责。包括代表我国开展反洗钱国际合作等。

第十四条　【有关金融管理部门职责】

修订前	修订后
第九条　国务院有关金融监督管理机构参与制定所监督管理的金融机构反洗钱规章，对所监督管理的金融机构提出按照规定建立健全反洗钱内部控制制度的要求，履行法律和国务院规定的有关反洗钱的其他职责。 **第十四条**　国务院有关金融监督管理机构审批新设金融机构或者金融机构增设分支机构时，应当审查新机构反洗钱内部控制制度的方案；对于不符合本法规定的设立申请，不予批准。	**第十四条**　国务院有关金融管理**部门**参与制定所监督管理的金融机构反洗钱**管理规定**，履行法律和国务院规定的有关反洗钱的其他职责。 有关金融管理**部门**应当**在**金融机构**市场准入中落实反洗钱审查要求，在监督管理工作中发现金融机构违反反洗钱规定的，应当将线索移送反洗钱行政主管部门，并配合其进行处理。**

这次修订将原反洗钱法第九条与第十四条合并为第十四条，进一步明确国务院有关金融管理部门的反洗钱职责。

主要作了以下修改：一是对国务院有关金融管理部门的职责进行统一表述，并将"建立健全反洗钱内部控制制度"修改为"落实反洗钱审查要求"，包含的内容更加全面。二是增加规定，有关金融管理部门在监督管理工作中发现金融机构违反反洗钱规定的，应当将线索移送反洗钱行政主管部门，并配合其进行处理。这主要是为了推动反洗钱监管合作，提高反洗钱监管的有效性。根据有关规定，国务院有关金融管理部门的职责包括：1. 参与制定所监督管理的金融机构反洗钱管理规定。2. 履行法律和国务院规定的有关反洗钱的其他职责。银行业监督管理法、证券法等法律法规中关于反洗钱职责的内容，都应当得到执行。本条还对金融机构市场准入的反洗钱审查要求作了规定，一方面，应当采取措施，审查其董事、监事、高级管理人员、重要股东的背景情况，防止利用金融机构从事洗钱活动。另一方面，应当要求、指导金融机构切实履行本法第三章规定的反洗钱义务包括反洗钱内部控制制度等。

第十五条　【特定非金融机构主管部门职责】

修订前	修订后
第三十五条　应当履行反洗钱义务的特定非金融机构的范围、其履行反洗钱义务和对其监督管理的具体办法，由国务院反洗钱行政主管部门会同国务院有关部门制定。	**第十五条　国务院有关**特定非金融机构**主管部门制定或者**国务院反洗钱行政主管部门会同**其制定特定非金融机构反洗钱管理规定。** **有关特定非金融机构主管部门监督检查特定非金融机构履行反洗钱义务的情况，处理反洗钱行政主管部门提出的反洗钱监督管理建议，履行法律和国务院规定的有关反洗钱的其他职责。有关特定非金融机构主管部门根据需要，可以请求反洗钱行政主管部门协助其监督检查。**

这次修订对原反洗钱法第三十五条中涉及对特定非金融机构的监督管理职责作了修改，将条文序号调整为第十五条，进一步明确特定非金融机构主管部门的职责。

主要作了以下修改：将对特定非金融机构监督管理的具体办法由国务院反洗钱行政主管部门会同国务院有关部门制定，作了进一步明确规定。一是明确特定非金融机构反洗钱管理规定的制定主体。根据行业管理实际情况和需要，将制定特定非金融机构反洗钱管理规定的主体调整为“国务院有关特定非金融机构主管部门或者国务院反洗钱行政主管部门会同国务院有关特定非金融机构主管部门”。二是明确特定非金融机构主管部门反洗钱监督管理职责。特定非金融机构数量庞大，隶属于不同行政监管部门。行业主管部门熟悉行业和企业，根据行业监管现状、被监管机构经营特点等，本条规定对特定非金融机构采取多部门分散监管模式，明确由有关主管部门对特定非金融机构履行反洗钱义务的情况进行监督检查，处理反洗钱行政主管部门提出的反洗钱监督管理建议，并履行法律和国务院规定的有关反洗钱的其他职责。同时，洗钱具有隐蔽性、专业性、智能性等特征，且日趋国际化，洗钱活动过程复杂，模式也不固定。中国人民银行作为反洗钱行政主管部门，更加了解洗钱的方式手段、发展趋势等。因此，本条还规定有关特定非金融机构主管部门根据需要可以请求反洗钱行政主管部门协助其监督检查，从而充分发挥不同部门各自的优势，形成合力，切实加强对特定非金融机构的监管。

第十六条　【反洗钱监测分析机构职责】

修订前	修订后
第十条　国务院反洗钱行政主管部门设立反洗钱信息中心，负责大额交易和可疑交易报告的接收、分析，并按照规定向国务院反洗钱行政主管部门报告分析结果，履行国务院反洗钱行政主管部门规定的其他职责。	**第十六条**　国务院反洗钱行政主管部门设立反洗钱**监测分析机构。反洗钱监测分析机构开展反洗钱资金监测**，负责接收、分析大额交易和可疑交易报告，**移送**分析结果，并按照规定向国务院反洗钱行政主管部门报告**工作情况**，履行国务院反洗钱行政主管部门规定的其他职责。 **反洗钱监测分析机构根据依法履行职责的需要，可以要求履行反洗钱义务的机构提供与大额交易和可疑交易相关的补充信息。**

	反洗钱监测分析机构应当健全监测分析体系，根据洗钱风险状况有针对性地开展监测分析工作，按照规定向履行反洗钱义务的机构反馈可疑交易报告使用情况，不断提高监测分析水平。

这次修订对原反洗钱法第十条作了修改，将条文序号调整为第十六条，完善了反洗钱监测分析机构职责。

主要作了以下修改：一是将设立“反洗钱信息中心”修改为“反洗钱监测分析机构”，进一步明确了其机构性质和功能。二是增加规定，反洗钱监测分析机构可以要求履行反洗钱义务的机构提供与大额交易和可疑交易相关的补充信息，以增强信息报送与分析的针对性和精准度。三是增加规定，反洗钱监测分析机构应当健全监测分析体系，向履行反洗钱义务的机构反馈可疑交易报告使用情况，不断提高监测分析水平。根据有关规定，国务院反洗钱行政主管部门设立反洗钱监测分析机构，该监测分析机构的职责包括：1. 负责接收、分析大额交易和可疑交易报告；管理、运行国家反洗钱数据库。2. 定期或者就特定事项向中国人民银行报告工作情况。3. 其他职责如经中国人民银行批准，与境外有关机构交换信息、资料等。反洗钱监测机构对交易报告进行分析，需要进一步获取相关信息的，有关机构应当协助。

第十七条　【部门间信息交换】

修订前	修订后
第十一条　国务院反洗钱行政主管部门为履行反洗钱资金监测职责，可以从国务院有关部门、机构获取所必需的信息，国务院有关部门、机构应当提供。 国务院反洗钱行政主管部门应当向国务院有关部门、机构定期	**第十七条**　国务院反洗钱行政主管部门为履行反洗钱职责，可以从**国家**有关**机关**获取所必需的信息，**国家**有关**机关**应当**依法**提供。 国务院反洗钱行政主管部门应当向**国家**有关**机关**定期通报反洗

通报反洗钱工作情况。	钱工作情况，**依法向履行与反洗钱相关的监督管理、行政调查、监察调查、刑事诉讼等职责的国家有关机关提供所必需的反洗钱信息。**

这次修订对原反洗钱法第十一条作了修改，将条文序号调整为第十七条，完善了部门间信息共享机制。

主要作了以下修改：一是将履行“反洗钱资金监测职责”修改为“反洗钱职责”，并对国家有关机关提供反洗钱信息设置了前提条件，即“依法”提供。国务院反洗钱行政主管部门履行的反洗钱职责中，反洗钱资金监测是职责之一，履行其他反洗钱职责，也需要其他部门提供必要的信息，本条对此作了完善。二是增加规定，国家有关机关履行与反洗钱相关的监督管理、行政调查、监察调查、刑事诉讼等职责时，国务院反洗钱行政主管部门应当依照相关法律规定向其提供所必需的反洗钱信息。

第十八条　【海关信息通报机制】

修订前	修订后
第十二条　海关发现个人出入境携带的现金、无记名有价证券超过规定金额的，应当及时向反洗钱行政主管部门通报。 前款应当通报的金额标准由国务院反洗钱行政主管部门会同海关总署规定。	**第十八条　出入境人员携带的现金、无记名支付凭证等超过规定金额的，应当按照规定向海关申报。**海关发现个人出入境携带的现金、无记名**支付凭证等**超过规定金额的，应当及时向反洗钱行政主管部门通报。 前款**规定的申报范围**、金额标准**以及通报机制等**，由国务院反洗钱行政主管部门、**国务院外汇管理部门按照职责分工**会同海关总署规定。

这次修订对原反洗钱法第十二条作了修改，将条文序号调整为第十八条，完善了海关通报有关信息的机制。

主要作了以下修改：一是增加规定出入境人员携带现金、无记名支付凭证等超过规定金额，应当按照规定向海关申报的制度。关于携带现金、无记名支付凭证出入境的具体管理制度，需要由国家外汇管理等有关主管部门作出规定。本条只是作出衔接性规定，具体需要向海关申报的种类、限额、申报程序等，按相关规定执行。二是将“无记名有价证券”修改为“无记名支付凭证”。“无记名支付凭证”一般是指不记名形式的可转让金融工具，如旅行支票，以及不记名的、可无限背书的、不指定收款人的可转让金融工具（包括支票、本票和汇票）。三是在国务院反洗钱行政主管部门、海关总署的基础上，增加“国务院外汇管理部门”为出入境人员携带现金、无记名支付凭证的申报、通报有关规则的制定主体。根据国务院部门职责分工，国务院外汇管理部门及其分支机构依法履行外汇管理职责。

第十九条　【受益所有人信息管理】

修订前	修订后
未作规定。	第十九条　国务院反洗钱行政主管部门会同国务院有关部门建立法人、非法人组织受益所有人信息管理制度。 法人、非法人组织应当保存并及时更新受益所有人信息，按照规定向登记机关如实提交并及时更新受益所有人信息。反洗钱行政主管部门、登记机关按照规定管理受益所有人信息。 反洗钱行政主管部门、国家有关机关为履行职责需要，可以依法使用受益所有人信息。金融机

	构和特定非金融机构在履行反洗钱义务时依法查询核对受益所有人信息；发现受益所有人信息错误、不一致或者不完整的，应当按照规定进行反馈。使用受益所有人信息应当依法保护信息安全。 本法所称法人、非法人组织的受益所有人，是指最终拥有或者实际控制法人、非法人组织，或者享有法人、非法人组织最终收益的自然人。具体认定标准由国务院反洗钱行政主管部门会同国务院有关部门制定。

这次修订增加了本条规定，明确了法人、非法人组织受益所有人信息管理制度的内容。

增加本条规定，主要是为了防范实践中一些个人或者组织利用法人、非法人组织对受益所有人等信息不如实登记的做法，从事洗钱活动。建立受益所有人信息登记相关制度，是为了提高法人和非法人组织的透明度和受益所有权信息的可获得性，为监管部门和反洗钱义务机构获取受益所有人信息提供条件。本条明确建立法人、非法人组织受益所有人信息管理制度的主管部门；法人、非法人组织保存、更新、按照规定向登记机关如实提交并及时更新受益所有人信息的义务；受益所有人信息使用制度、不实信息反馈机制；具体规定法人、非法人组织受益所有人的定义。

第二十条　【线索和相关证据材料移送】

修订前	修订后
第十三条　反洗钱行政主管部门和其他依法负有反洗钱监督管理职责的部门、机构发现涉嫌洗	**第二十条**　反洗钱行政主管部门和其他依法负有反洗钱监督管理职责的部门发现涉嫌洗钱**以及**

钱犯罪的交易活动，应当及时向侦查机关报告。	**相关违法**犯罪的交易活动，应当**将线索和相关证据材料移送有管辖权的机关处理。接受移送的机关应当按照有关规定反馈处理结果。**

这次修订对原反洗钱法第十三条进行了修改，将条文序号调整为第二十条，进一步完善了反洗钱工作中的线索移送制度。

主要作了以下修改：一是将“部门、机构发现涉嫌洗钱犯罪的交易活动”修改为“部门发现涉嫌洗钱以及相关违法犯罪的交易活动”。将移送线索的主体修改为部门，以适应机构改革后原国务院金融监管机构改为国务院有关部门的实际；同时考虑到实践中反洗钱工作也会发现洗钱犯罪以外的其他违法犯罪活动，一并作出移送规定。二是将“应当及时向侦查机关报告”相应修改为“应当将线索和相关证据材料移送有管辖权的机关处理”。将侦查机关的范围扩展为有管辖权的机关。三是增加规定“接受移送的机关应当按照有关规定反馈处理结果”。这样建立起双向反馈机制，有助于反洗钱行政主管部门完善监测机制、模型，更好发挥反洗钱监测作用。

第二十一条　【监督管理职责】

修订前	修订后
未作规定。	**第二十一条　反洗钱行政主管部门为依法履行监督管理职责，可以要求金融机构报送履行反洗钱义务情况，对金融机构实施风险监测、评估，并就金融机构执行本法以及相关管理规定的情况进行评价。必要时可以按照规定约谈金融机构的董事、监事、高级管理人员以及反洗钱工作直接负责人，要求其就有关事项说明情况；对金融机构履行反洗钱义务存在的问题进行提示。**

这次修订增加了本条规定，明确了反洗钱行政主管部门监督管理职责的相关内容。

增加本条规定，主要是考虑到反洗钱行政主管部门履行监督管理职责的需要。要求金融机构报送履行反洗钱义务的情况，便于反洗钱行政主管部门了解有关情况；对金融机构进行风险监测、评估、评价，便于依照“风险为本”的原则，对各金融机构有针对性地实施差异化监管；约谈、提示，也是为了监管的个别化和有效性，便于反洗钱行政主管部门合理运用各类监管方法，以实现对不同类型金融机构的有效监管。

第二十二条　【监督检查措施和程序】

修订前	修订后
未作规定。	第二十二条　反洗钱行政主管部门进行监督检查时，可以采取下列措施： （一）进入金融机构进行检查； （二）询问金融机构的工作人员，要求其对有关被检查事项作出说明； （三）查阅、复制金融机构与被检查事项有关的文件、资料，对可能被转移、隐匿或者毁损的文件、资料予以封存； （四）检查金融机构的计算机网络与信息系统，调取、保存金融机构的计算机网络与信息系统中的有关数据、信息。 进行前款规定的监督检查，应当经国务院反洗钱行政主管部门

	或者其设区的市级以上派出机构负责人批准。检查人员不得少于二人，并应当出示执法证件和检查通知书；检查人员少于二人或者未出示执法证件和检查通知书的，金融机构有权拒绝接受检查。

这次修订增加了本条规定，明确了反洗钱行政主管部门监督检查措施的内容。

增加本条规定，主要是为了明确反洗钱行政主管部门对金融机构进行监督检查时可以采取的措施范围，包括进入现场检查，询问金融机构的工作人员，查阅、复制金融机构与被检查事项有关的文件、资料，对可能被转移、隐匿或者毁损的文件、资料予以封存，检查金融机构的计算机网络与信息系统，调取、保存金融机构的计算机网络与信息系统中的有关数据、信息。同时本条还明确了反洗钱行政主管部门采取监督检查措施的审批程序，旨在充分保障反洗钱行政主管部门监督检查措施和程序的合法性及有效性。

第二十三条　【洗钱风险评估】

修订前	修订后
未作规定。	第二十三条　国务院反洗钱行政主管部门会同国家有关机关评估国家、行业面临的洗钱风险，发布洗钱风险指引，加强对履行反洗钱义务的机构指导，支持和鼓励反洗钱领域技术创新，及时监测与新领域、新业态相关的新型洗钱风险，根据洗钱风险状况优化资源配置，完善监督管理措施。

这次修订增加了本条规定，明确了国务院反洗钱行政主管部门会同国家有关机关评估国家、行业面临的洗钱风险的相关内容。

增加本条规定，体现了反洗钱监管理念从“规则为本”到“风险为本”的变化。国家层面，监管部门需要评估面临的洗钱或恐怖融资总体风险。行业方面，总体风险评估有利于提高监管的针对性，更好配置反洗钱资源。发布洗钱风险指引，则是指导、指示有关方面加强和改进反洗钱工作的重要举措。加强对履行反洗钱义务的机构指导，支持和鼓励反洗钱领域技术创新，是为了提高履行反洗钱义务机构的反洗钱工作能力和水平。此外，考虑到应对可能发生的各种新型洗钱风险的需要，为有效覆盖新型洗钱风险类型，也要求监管机构及时监测新型洗钱风险，优化资源配置，完善监督管理措施。

第二十四条　【洗钱高风险国家和地区的应对措施】

修订前	修订后
未作规定。	第二十四条　对存在严重洗钱风险的国家或者地区，国务院反洗钱行政主管部门可以在征求国家有关机关意见的基础上，经国务院批准，将其列为洗钱高风险国家或者地区，并采取相应措施。

这次修订增加了本条规定，明确了洗钱高风险国家和地区的确定及可以采取相关措施的内容。

增加本条规定，主要考虑是，从维护我国金融秩序的角度，对于一些地区或国家有较高洗钱风险，影响我国金融秩序和稳定的，可以考虑将其列入高风险名单。对于存在严重洗钱风险的国家或者地区，经国务院批准，可以将该国家和地区列为洗钱高风险国家或者地区，根据风险状况采取相应的措施。

第二十五条 【反洗钱行业自律】

修订前	修订后
未作规定。	第二十五条　履行反洗钱义务的机构可以依法成立反洗钱自律组织。反洗钱自律组织与相关行业自律组织协同开展反洗钱领域的自律管理。 反洗钱自律组织接受国务院反洗钱行政主管部门的指导。

这次修订增加了本条规定，明确了反洗钱行业自律管理的内容。

增加本条规定，主要是考虑到在反洗钱监管中，对于金融机构和特定非金融机构等行业的监管，属于较为专业的业务领域，需要具有较强的反洗钱监管业务知识水平和一定反洗钱监管工作经验，通过依法成立反洗钱自律组织，可以使成员之间相互交流反洗钱工作经验和知识技能，相互促进提升反洗钱工作水平，培养更多的反洗钱专业领域的人才，与相关行业的自律组织协同开展反洗钱领域的自律管理工作。

第二十六条 【反洗钱行业服务机构】

修订前	修订后
未作规定。	第二十六条　提供反洗钱咨询、技术、专业能力评价等服务的机构及其工作人员，应当勤勉尽责、恪尽职守地提供服务；对于因提供服务获得的数据、信息，应当依法妥善处理，确保数据、信息安全。 国务院反洗钱行政主管部门应当加强对上述机构开展反洗钱有关服务工作的指导。

这次修订增加了本条规定，明确了反洗钱行业服务机构的内容。

增加本条规定，主要是为了明确反洗钱行业服务机构及其工作人员开展工作的基本要求。近年来，围绕反洗钱工作衍生出各类服务机构，服务机构凭借其专业的素养和经验，为金融机构提供服务，本条规定首先明确这类服务机构应当勤勉尽责、恪尽职守地提供服务。同时这类服务机构在提供服务过程中，其中涉及交易数据、个人信息等大量敏感信息的收集，同样也存在着隐藏数据、信息泄露、影响国家利益等风险，因此本条明确了对获得的数据、信息，应当依法妥善处理，确保数据、信息安全。

第三章 反洗钱义务

第二十七条 【金融机构内部控制制度】

修订前	修订后
第十五条 金融机构应当依照本法规定建立健全反洗钱内部控制制度，金融机构的负责人应当对反洗钱内部控制制度的有效实施负责。 金融机构应当设立反洗钱专门机构或者指定内设机构负责反洗钱工作。 **第二十二条** 金融机构应当按照反洗钱预防、监控制度的要求，开展反洗钱培训和宣传工作。	**第二十七条** 金融机构应当依照本法规定建立健全反洗钱内部控制制度，设立专门机构或者指定内设机构**牵头**负责反洗钱工作，**根据经营规模和洗钱风险状况配备相应的人员**，按照要求开展反洗钱培训和宣传。 **金融机构应当定期评估洗钱风险状况并制定相应的风险管理制度和流程，根据需要建立相关信息系统。** **金融机构应当通过内部审计或者社会审计等方式，监督反洗钱内部控制制度的有效实施。** 金融机构的负责人对反洗钱内部控制制度的有效实施负责。

这次修订将原反洗钱法第十五条与第二十二条合并为第二十七条，进一步细化了金融机构反洗钱内部控制制度。

主要作了以下修改：一是在反洗钱内控制度建设中，增加根据经营规模和洗钱风险状况配备相应的人员的规定。这也意味着对金融机构配备相应人员时，应根据经营规模、特点和洗钱风险状况来确定，不能“一刀切”。二是增加一款规定，金融机构应当定期评估洗钱风险状况并制定相应的风险管理制度和流程，根据需要建立相关信息系统。

金融机构可以根据企业经营规模和洗钱风险状况等现实情况，建立健全相关信息系统。三是增加“金融机构应当通过内部审计或者社会审计等方式，监督反洗钱内部控制制度的有效实施”的规定。独立的审计功能，能够审查反洗钱与反恐怖融资机制的有效性，确保反洗钱内部控制制度有效实施。

第二十八条 【客户尽职调查制度】

修订前	修订后
第十六条第一款、第五款 金融机构应当按照规定建立客户身份识别制度。 …… 金融机构不得为身份不明的客户提供服务或者与其进行交易，不得为客户开立匿名账户或者假名账户。 ……	**第二十八条** 金融机构应当按照规定建立客户**尽职调查**制度。 金融机构不得为身份不明的客户提供服务或者与其进行交易，不得为客户开立匿名账户或者假名账户，**不得为冒用他人身份的客户开立账户**。

这次修订对原反洗钱法第十六条第一款、第五款作了修改，将条文序号调整为第二十八条，完善了客户尽职调查制度。

主要作了以下修改：一是第一款将“客户身份识别制度”修改为“客户尽职调查制度”。“客户尽职调查”的内涵更为丰富，包含了确定客户身份、确定受益权人身份、了解客户建立业务关系的目的和意图、对业务关系以及对在业务关系持续的过程中进行的交易开展持续的尽职调查等内容。“客户身份识别”的内容已被“客户尽职调查”所涵盖，成为后者的一个组成部分，“客户尽职调查”更能反映当前国际反洗钱监管发展的新趋势。二是第二款增加规定“不得为冒用他人身份的客户开立账户”。近年来相关案件中，借用或收购他人身份证冒名开户的问题较多，故增加相关内容。

第二十九条 【客户尽职调查的情形和内容】

修订前	修订后
第十六条第二款、第六款 …… 金融机构在与客户建立业务关系或者为客户提供规定金额以上的现金汇款、现钞兑换、票据兑付等一次性金融服务时，应当要求客户出示真实有效的身份证件或者其他身份证明文件，进行核对并登记。 …… 金融机构对先前获得的客户身份资料的真实性、有效性或者完整性有疑问的，应当重新识别客户身份。 ……	第二十九条　有下列情形之一的，金融机构应当开展客户尽职调查： （一）与客户建立业务关系或者为客户提供规定金额以上的一次性金融服务； （二）有合理理由怀疑客户及其交易涉嫌洗钱活动； （三）对先前获得的客户身份资料的真实性、有效性、完整性存在疑问。 客户尽职调查包括识别并采取合理措施核实客户及其受益所有人身份，了解客户建立业务关系和交易的目的，涉及较高洗钱风险的，还应当了解相关资金来源和用途。 金融机构开展客户尽职调查，应当根据客户特征和交易活动的性质、风险状况进行，对于涉及较低洗钱风险的，金融机构应当根据情况简化客户尽职调查。

这次修订对原反洗钱法第十六条第二款、第六款作了修改，将条文序号调整为第二十九条，明确了客户尽职调查的情形、内容和要求。

主要作了以下修改：一是通过列举形式明确哪些情形下金融机构应当开展客户尽职调查；增加“有合理理由怀疑客户及其交易涉嫌洗钱活动”；同时作了文字修改，删去“现金汇款、现钞兑换、票据兑付”等具体金融服务方式的规定，修改为概括式规定。二是增加第二款，明确客户尽职调查的内容包括识别并采取合理措施核实客户及其受益所有人身份，了解客户建立业务关系和交易的目的。对于涉及较高洗钱风险的，还应当采取进一步的调查措施，了解相关资金来源和用途。三是增加第三款，明确要求金融机构开展客户尽职调查，应当根据客户特征和交易活动的性质、风险状况进行。对于涉及较低洗钱风险的，金融机构应当根据情况简化客户尽职调查。这样修改，主要是避免对风险程度不同的交易和客户采用同样的客户尽职调查，避免“一刀切”式开展客户尽职调查工作，减轻客户配合开展尽职调查工作的负担，同时也减轻金融机构的负担。

第三十条 【持续的客户尽职调查与洗钱风险管理措施】

修订前	修订后
未作规定。	第三十条　在业务关系存续期间，金融机构应当持续关注并评估客户整体状况及交易情况，了解客户的洗钱风险。发现客户进行的交易与金融机构所掌握的客户身份、风险状况等不符的，应当进一步核实客户及其交易有关情况；对存在洗钱高风险情形的，必要时可以采取限制交易方式、金额或者频次，限制业务类型，拒绝办理业务，终止业务关系等洗钱风险管理措施。 金融机构采取洗钱风险管理措施，应当在其业务权限范围内按照有关管理规定的要求和程序进行，平衡好管理洗钱风险与优化金融服务的关系，不得采取与洗钱风险状况明显不相匹配的措施，保障与客户依法享有的医疗、社会保障、公用事业服务等相关的基本的、必需的金融服务。

这次修订增加了本条规定，明确了持续的客户尽职调查与洗钱风险管理措施。

增加本条规定，主要是针对实践中的问题，更好地防控洗钱风险。本条规定主要包含以下内容：一是明确金融机构持续开展客户尽职调查的义务，强调业务持续期间金融机构应当持续关注并评估客户状况、交易情况及风险变化。二是总结实践中行之有效的经验，衔接相关国际规则要求，明确适用洗钱风险管理措施的条件、具体内容。三是第二款规定要求平衡好管理洗钱风险与优化金融服务的关系。要求金融机构采取洗钱风险管理措施时，应当在其业务权限范围内按照有关管理规定的要求和程序进行，不得采取与洗钱风险状况明显不相匹配的措施，保障与客户依法享有的医疗、社会保障、公用事业服务等相关的基本的、必需的金融服务。

第三十一条　【识别代理人】

修订前	修订后
第十六条第三款、第四款 …… 客户由他人代理办理业务的，金融机构应当同时对代理人和被代理人的身份证件或者其他身份证明文件进行核对并登记。 与客户建立人身保险、信托等业务关系，合同的受益人不是客户本人的，金融机构还应当对受益人的身份证件或者其他身份证明文件进行核对并登记。 ……	**第三十一条**　客户由他人代理办理业务的，金融机构应当**按照规定核实代理关系，识别并核实**代理人的身份。 **金融机构**与客户**订立**人身保险、信托等**合同**，合同的受益人不是客户本人的，金融机构应当**识别并核实**受益人的身份。

这次修订对原反洗钱法第十六条第三款、第四款作了修改，将条文序号调整为第三十一条，进一步细化代理人识别要求。

主要作了以下修改：一是将“金融机构应当同时对代理人和被代

理人的身份证件或者其他身份证明文件进行核对并登记”修改为“金融机构应当核实代理关系，识别并核实代理人的身份”。二是将“对受益人的身份证件或者其他身份证明文件进行核对并登记”修改为“识别并核实受益人的身份”，修订后法律强调识别、核实受益人身份，而不仅仅是登记身份信息。

第三十二条 【依托第三方开展客户尽职调查】

修订前	修订后
第十七条 金融机构通过第三方识别客户身份的，应当确保第三方已经采取符合本法要求的客户身份识别措施；第三方未采取符合本法要求的客户身份识别措施的，由该金融机构承担未履行客户身份识别义务的责任。	**第三十二条** 金融机构**依托**第三方**开展**客户**尽职调查**的，**应当评估第三方的风险状况及其履行反洗钱义务的能力。第三方具有较高风险情形或者不具备履行反洗钱义务能力的，金融机构不得依托其开展客户尽职调查。** **金融机构**应当确保第三方已经采取符合本法要求的客户**尽职调查**措施。第三方未采取符合本法要求的客户**尽职调查**措施的，由该金融机构承担未履行客户**尽职调查**义务的**法律**责任。 **第三方应当向金融机构提供必要的客户尽职调查信息，并配合金融机构持续开展客户尽职调查。**

这次修订对原反洗钱法第十七条作了修改，将条文序号调整为第三十二条，进一步明确了金融机构依托第三方开展客户尽职调查的要求。

主要作了以下修改：一是增加规定金融机构依托第三方开展客户尽职调查，要对第三方作相应的评估，第三方具有较高风险情形或者不具备履行反洗钱义务能力的，金融机构不得依托其开展客户尽职调查。二是为适应反洗钱工作需要，本法将“客户身份识别制度”修改为

“客户尽职调查制度”，本条作了相应修改，将“客户身份识别”修改为“客户尽职调查”。三是对第三方未采取符合本法要求的客户尽职调查措施的，将“由该金融机构承担未履行客户身份识别义务的责任”修改为“由该金融机构承担未履行客户尽职调查义务的法律责任”，表述更严谨。四是增加第三款规定。目前，金融机构委托第三方开展客户尽职调查时，金融机构难以通过第三方获取客户信息，给反洗钱工作带来了困扰，增加规定明确了第三方的配合义务。

第三十三条　【相关部门支持客户尽职调查】

修订前	修订后
第十八条　金融机构进行客户身份识别，认为必要时，可以向公安、工商行政管理等部门核实客户的有关身份信息。	**第三十三条**　金融机构进行客户**尽职调查**，可以**通过反洗钱行政主管部门以及**公安、**市场监督管理、民政、税务、移民管理、电信**管理等部门**依法**核实客户身份**等**有关信息，**相关部门应当依法予以支持。** **国务院反洗钱行政主管部门应当协调推动相关部门为金融机构开展客户尽职调查提供必要的便利。**

这次修订对原反洗钱法第十八条作了修改完善，将条文序号调整为第三十三条，进一步明确金融机构可以通过相关部门核实客户身份等信息和相关部门支持义务，以及国务院反洗钱行政主管部门的协调职责。

主要作了以下修改：一是删除金融机构进行客户尽职调查时“认为必要时”的表述，相应将“核实”修改为“依法核实”。另外，核实的信息不限于“客户身份信息”。二是拓宽金融机构在进行客户尽职调查时核实信息的部门渠道，将原条文中的“向公安、工商行政管理等部门”修改为“可以通过反洗钱行政主管部门以及公安、市场监督管理、民政、税务、移民管理、电信管理等部门”。三是增加“相关部门应当依法予以支持”的规定，进一步明确相关部门配合金融机构进行客户尽职调查的义务。四是增加一款规定，即反洗钱行政主管部门协调推动相关部门为金融机构开展客户尽职调查提供必要的便利，为各部门依法向金融机构提供相关信息提供国家层面统筹协调的支持。五是将“客户身份识别”修改为“客户尽职调查”。

第三十四条　【客户身份资料和交易记录保存制度】

修订前	修订后
第十九条　金融机构应当按照规定建立客户身份资料和交易记录保存制度。 在业务关系存续期间，客户身份资料发生变更的，应当及时更新客户身份资料。 客户身份资料在业务关系结束后、客户交易信息在交易结束后，应当至少保存五年。 金融机构破产和解散时，应当将客户身份资料和客户交易信息移交国务院有关部门指定的机构。	**第三十四条**　金融机构应当按照规定建立客户身份资料和交易记录保存制度。 在业务关系存续期间，客户身份**信息**发生变更的，应当及时更新。 客户身份资料在业务关系结束后、客户交易信息在交易结束后，应当至少保存**十**年。 金融机构解散、**被撤销或者被宣告**破产时，应当将客户身份资料和客户交易信息移交国务院有关部门指定的机构。

这次修订对原反洗钱法第十九条作了修改完善，将条文序号调整为第二十四条，进一步完善了金融机构客户身份资料和交易记录保存的规定。

主要作了以下修改：一是将第一款中的“客户身份资料”修改为“客户身份信息”。根据目前的实践情况，“客户身份资料”难以涵盖金融机构需要记录保存的客户各类信息，修改后表述更准确。二是根据各方面意见，延长了交易记录保存时间至十年。三是将第四款中的“破产”修改为“被撤销或者被宣告破产”，与公司法、商业银行法的有关表述相衔接。

第三十五条　【大额交易报告和可疑交易报告制度】

修订前	修订后
第二十条　金融机构应当按照规定执行大额交易和可疑交易报告制度。 金融机构办理的单笔交易或者在规定期限内的累计交易超过规定金额或者发现可疑交易的，应当及时向反洗钱信息中心报告。	**第三十五条**　金融机构应当按照规定执行大额交易**报告制度，客户**单笔交易或者在**一定**期限内的累计交易超过规定金额**的，应当及时向反洗钱监测分析机构报告。** **金融机构应当按照规定执行**可疑交易报告制度，**制定并不断优化监测标准，有效识别、分析**可疑交易**活动，**及时向反洗钱**监测分析机构提交可疑交易**报告；**提交可疑交易报告的情况应当保密。**

这次修订对原反洗钱法第二十条作了修改，将条文序号调整为第三十五条，进一步细化大额交易报告和可疑交易报告制度的要求。

主要作了以下修改：一是将第二款中“发现可疑交易”修改为“有效识别、分析可疑交易活动”。将“发现”改为“有效识别”，要求金融机构提高对可疑交易活动识别的精准性，还要在识别基础上，对可疑交易作进一步分析，也是可疑交易报告的必要内容。二是在第二款中增加了“制定并不断优化监测标准”。按照有关反洗钱的国际标准和各国反洗钱法律的规定，可疑交易的识别主要由金融机构自主判断。如何有效、及时地识别和发现可疑交易是反洗钱工作中的重要环节。监测标准是判断的依据，目前，反洗钱工作不断发生新变化，根据实践情况，制定并优化监测标准非常有必要。三是将第二款中的“反洗钱信息中心”修改为“反洗钱监测分析机构”，同时在第一款、第二款中大额交易和可疑交易报告均应向反洗钱监测分析机构报告；将大额交易的“规定期限”修改为“一定期限”等。四是增加“提交可疑交易报告的情况应当保密”的规定。主要考虑金融机构报告可疑交易不应向客户或者他人透露，避免影响反洗钱工作。

第三十六条　【新领域洗钱风险防范】

修订前	修订后
未作规定。	第三十六条　金融机构应当在反洗钱行政主管部门的指导下，关注、评估运用新技术、新产品、新业务等带来的洗钱风险，根据情形采取相应措施，降低洗钱风险。

这次修订增加了本条规定，明确了新技术、新产品、新业务洗钱风险防范的要求。

增加本条规定，主要考虑到，与传统洗钱方式相比，近些年利用虚拟货币、网络直播平台等洗钱的新情况越发凸显，相关国际规则中也有这方面建议，为此增加了本条规定。根据这一规定，金融机构对于运用新技术、新产品、新业务等带来的洗钱风险要进行评估、判断及采取措施，反洗钱行政主管部门应当予以指导；对新技术、新产品、新业务采取的措施主要是洗钱防控措施，金融机构对于自行研发的新技术、新产品、新业务在上线前和运行过程中也要评估和关注洗钱风险。

第三十七条　【总部、集团层面反洗钱工作】

修订前	修订后
未作规定。	第三十七条　在境内外设有分支机构或者控股其他金融机构的金融机构，以及金融控股公司，应当在总部或者集团层面统筹安排反洗钱工作。为履行反洗钱义务在公司内部、集团成员之间共享必要的反洗钱信息的，应当明确信息共享机制和程序。共享反洗钱信息，应当符合有关信息保护的法律规定，并确保相关信息不被用于反洗钱和反恐怖主义融资以外的用途。

这次修订增加了本条规定，明确了在总部或者集团层面应当统筹安排反洗钱工作以及如何共享反洗钱信息的内容。

增加本条规定，主要是考虑到，部分金融机构以及金融控股公司与其旗下的分支机构、控股附属机构形成的金融集团，具有规模大、业务多元化、关联度较高等特点，相较于传统的单一业务金融机构，应当在集团或者总部层面对反洗钱工作作出统筹安排。根据本条规定，一是要求在总部或者集团层面统筹安排反洗钱工作，此类机制安排既应当与其规模业务和风险程度相匹配，也应与分支机构和控股附属机构的业务相匹配，以保证其在分支机构、控股附属机构层面能得到有效执行；二是要求共享反洗钱信息时应当明确信息共享机制和程序，保证反洗钱信息共享合法有效、快速实施；三是明确共享反洗钱信息应当是“必要的”，且“符合有关信息保护的法律规定”和“不被用于反洗钱和反恐怖主义融资以外的用途”。

第三十八条　【配合客户尽职调查】

修订前	修订后
第十六条第七款　任何单位和个人在与金融机构建立业务关系或者要求金融机构为其提供一次性金融服务时，都应当提供真实有效的身份证件或者其他身份证明文件。	**第三十八条**　与金融机构**存在**业务关系**的**单位和个人**应当配合金融机构的客户尽职调查，**提供真实有效的身份证件或者其他身份证明文件，**准确、完整填报身份信息，如实提供与交易和资金相关的资料。** **单位和个人拒不配合金融机构依照本法采取的合理的客户尽职调查措施的，金融机构按照规定的程序，可以采取限制或者拒绝办理业务、终止业务关系等洗钱风险管理措施，并根据情况提交可疑交易报告。**

这次修订对原反洗钱法第十六条第七款作了修改，将条文序号调整为第三十八条，对客户配合尽职调查的内容作了进一步细化，增加了拒不配合的后果。

主要作了以下修改：一是调整了适用情形，与本法第三十条规定的持续的客户尽职调查作了衔接，将客户配合义务由建立业务和要求一次性金融服务时扩展至整个业务存续期间。二是完善了客户配合义务的内涵。除了需要提供“真实有效的身份证件或者其他身份证明文件”外，还需要“准确、完整填报身份信息，如实提供与交易和资金相关的资料”。三是增加了第二款规定，对拒不配合的单位和个人，规定金融机构可以按规定的程序采取相应洗钱风险管理措施，并根据情况提交可疑交易报告，通过设立相应的后果来保证客户履行尽职调查的配合义务，同时也与本法第二十八条第二款“不得为身份不明的客户提供服务”、第三十条第一款存在洗钱高风险情形的，必要时可以采取“洗钱风险管理措施”的规定相衔接。

第三十九条 【洗钱风险管理措施的救济】

修订前	修订后
未作规定。	第三十九条 单位和个人对金融机构采取洗钱风险管理措施有异议的，可以向金融机构提出。金融机构应当在十五日内进行处理，并将结果答复当事人；涉及客户基本的、必需的金融服务的，应当及时处理并答复当事人。相关单位和个人逾期未收到答复，或者对处理结果不满意的，可以向反洗钱行政主管部门投诉。 前款规定的单位和个人对金融机构采取洗钱风险管理措施有异议的，也可以依法直接向人民法院提起诉讼。

这次修订增加了本条规定，明确了单位和个人对金融机构采取洗钱风险管理措施有异议的救济。

增加本条规定，主要是对客户不满洗钱风险管理措施的救济作出制度安排。一是可以向金融机构提出异议；二是可以向反洗钱行政主管部门投诉；三是可以依法向人民法院提起诉讼。本法第三十条第一款规定，“对存在洗钱高风险情形的”必要时可以采取洗钱风险管理措施；第三十八条第二款规定，“单位和个人拒不配合金融机构依照本法采取的合理的客户尽职调查措施的”，可以采取洗钱风险管理措施。这些规定是基于金融机构履行反洗钱义务、防范洗钱风险的需要。但同时，洗钱风险管理措施涉及对客户交易活动的限制，金融机构不当采取洗钱风险管理措施侵害单位和个人合法权益的，也应当赋予单位和个人一定的权利救济手段。实践中，部分金融机构存在出于合规和行政审查考虑，不合理地限制客户相关业务的情形，影响客户的正常交易，给当事人带来损失。为了维护客户的合法权利，避免洗钱风险管理措施的滥用，有必要对客户的权利救济途径作出明确规定。

第四十条　【反洗钱特别预防措施】

修订前	修订后
未作规定。	第四十条　任何单位和个人应当按照国家有关机关要求对下列名单所列对象采取反洗钱特别预防措施： （一）国家反恐怖主义工作领导机构认定并由其办事机构公告的恐怖活动组织和人员名单； （二）外交部发布的执行联合国安理会决议通知中涉及定向金融制裁的组织和人员名单； （三）国务院反洗钱行政主管部门认定或者会同国家有关机关认

	定的，具有重大洗钱风险、不采取措施可能造成严重后果的组织和人员名单。 　　对前款第一项规定的名单有异议的，当事人可以依照《中华人民共和国反恐怖主义法》的规定申请复核。对前款第二项规定的名单有异议的，当事人可以按照有关程序提出从名单中除去的申请。对前款第三项规定的名单有异议的，当事人可以向作出认定的部门申请行政复议；对行政复议决定不服的，可以依法提起行政诉讼。 　　反洗钱特别预防措施包括立即停止向名单所列对象及其代理人、受其指使的组织和人员、其直接或者间接控制的组织提供金融等服务或者资金、资产，立即限制相关资金、资产转移等。 　　第一款规定的名单所列对象可以按照规定向国家有关机关申请使用被限制的资金、资产用于单位和个人的基本开支及其他必需支付的费用。采取反洗钱特别预防措施应当保护善意第三人合法权益，善意第三人可以依法进行权利救济。

这次修订增加了本条规定，明确了反洗钱特别预防措施的内容。

增加本条规定，主要是根据反洗钱、反恐怖融资工作的需要和相关国际标准，明确反洗钱特别预防措施的相关制度。一是明确采取反洗钱特别预防措施的主体和对象。主体是任何单位和个人，对象包括国家反恐怖主义工作领导机构认定并公告、外交部发布的执行联合国安理会决议通知、国务院反洗钱行政主管部门认定或者会同国家有关机关认定的三类名单中的对象。二是规定当事人对上述名单有异议的救济措施。根据三类不同情况，分别是依照反恐怖主义法规定申请复核，按照有关程序提出从名单中除去的申请，向作出名单决定的部门申请行政复议、提起行政诉讼三种救济途径。三是明确规定了反洗钱特别预防措施的具体内容，即有关单位和个人有义务采取的具体措施，包括立即停止向有关人员和组织提供金融等服务或者资金、资产，立即限制相关资金、资产转移等。四是规定被采取反洗钱特别预防措施的对象可以申请使用被限制的资金、资产用于基本开支及其他必须支付的费用，以及采取反洗钱特别预防措施应当保护善意第三人合法权益，以在有效采取反洗钱特别措施的同时维护相关人员和组织的合法权益。

第四十一条　【金融机构落实反洗钱特别预防措施的义务】

修订前	修订后
未作规定。	**第四十一条　金融机构应当识别、评估相关风险并制定相应的制度，及时获取本法第四十条第一款规定的名单，对客户及其交易对象进行核查，采取相应措施，并向反洗钱行政主管部门报告。**

这次修订增加了本条规定，明确了金融机构采取反洗钱特别措施相关义务的内容。

增加本条规定，主要是明确金融机构依照第四十条的规定采取反洗钱特别预防措施的相关义务。第四十条规定的采取反洗钱特别预防措施的主体是任何单位和个人，是对全社会普遍的要求。本条根据反洗钱、反恐怖融资工作的需要和相关国际标准，对金融机构采取反洗钱特别预防措施应当采取哪些举措作了具体明确。一是应当识别、评估相关风险并制定相应的制度，包括对第四十条第一款名单所列对象及相关人员利用金融机构进行洗钱、恐怖融资活动的风险进行识别，并制定相应的内部防范、处置制度。二是及时获取第四十条第一款规定的名单，包括国家反恐怖主义工作领导机构认定并公告、外交部发布的执行联合国安理会决议通知、国务院反洗钱行政主管部门认定或者会同国家有关机关认定的三类名单。三是对客户及其交易对象进行核查，采取相应措施。核查的对象不仅包括客户，还包括其交易对象。发现名单所列对象及相关人员时，应当按照第四十条的规定采取相应措施。四是及时向反洗钱行政主管部门报告，以使反洗钱行政主管部门掌握相关情况。

第四十二条　【特定非金融机构的反洗钱义务】

修订前	修订后
第三十五条　应当履行反洗钱义务的特定非金融机构的范围、其履行反洗钱义务和对其监督管理的具体办法，由国务院反洗钱行政主管部门会同国务院有关部门制定。	**第四十二条**　特定非金融机构**在从事规定的特定业务时，参照本章关于金融机构**履行反洗钱义务**的相关规定，根据行业特点、经营规模、洗钱风险状况履行反洗钱义务**。

这次修订对原反洗钱法第三十五条中涉及特定非金融机构履行反洗钱义务的内容作了修改，将条文序号调整为第四十二条，进一步明确了特定非金融机构的反洗钱义务。

主要作了以下修改：将特定非金融机构履行反洗钱义务的具体办法由国务院反洗钱行政主管部门会同国务院有关部门制定，明确规定特定非金融机构在从事规定的特定业务时，参照本法第三章关于金融机构履行反洗钱义务的相关规定，根据行业特点、经营规模、洗钱风险状况履行反洗钱义务。考虑到涉及行业、领域众多，经营活动的内容、特点差异较大，本法对特定非金融机构的反洗钱义务只是进行了原则性规定，而没有作出具体规定。按照本条和本法第十五条第一款规定，国务院有关特定非金融机构主管部门、国务院反洗钱行政主管部门可以根据反洗钱工作的实际需要，参照本法第三章关于金融机构履行反洗钱义务的相关规定，充分考虑特定非金融机构的行业特点、经营规模、洗钱风险状况，确定应履行反洗钱义务的特定非金融机构的具体义务，在本法确立的基本框架下履行反洗钱工作职责。

第四章 反洗钱调查

第四十三条 【反洗钱调查的条件和程序】

修订前	修订后
第二十三条 国务院反洗钱行政主管部门或者其省一级派出机构发现可疑交易活动，需要调查核实的，可以向金融机构进行调查，金融机构应当予以配合，如实提供有关文件和资料。 调查可疑交易活动时，调查人员不得少于二人，并出示合法证件和国务院反洗钱行政主管部门或者其省一级派出机构出具的调查通知书。调查人员少于二人或者未出示合法证件和调查通知书的，金融机构有权拒绝调查。	**第四十三条** 国务院反洗钱行政主管部门或者其**设区的市级以上**派出机构发现**涉嫌洗钱的**可疑交易活动**或者违反本法规定的其他行为**，需要调查核实的，**经国务院反洗钱行政主管部门或者其设区的市级以上派出机构负责人批准**，可以向金融机构、**特定非金融机构发出调查通知书，开展反洗钱**调查。 **反洗钱行政主管部门开展反洗钱调查，涉及特定非金融机构的，必要时可以请求有关特定非金融机构主管部门予以协助。** 金融机构、**特定非金融机构**应当配合**反洗钱调查**，**在规定时限内**如实提供有关文件、资料。 **开展反洗钱**调查，调查人员不得少于二人，并**应当**出示**执法**证件和调查通知书；调查人员少于二人或者未出示**执法**证件和调查通知书的，金融机构、**特定非金融机构**有权拒绝**接受**调查。

这次修订对原反洗钱法第二十三条作了修改完善，将条文序号调整为第四十三条，进一步细化反洗钱调查条件和开展反洗钱调查程序规定。

主要作了以下修改：一是扩大了反洗钱调查的范围和对象，增加了可以向特定非金融机构发出调查通知书，开展反洗钱调查；同时增加了可以对“违反本法规定的其他行为”进行调查。二是将“省一级派出机构”修改为“设区的市级以上派出机构”，符合执法实践需要，更有利于发现查处违法行为。三是进一步细化反洗钱调查程序，增加反洗钱调查的批准程序，规定“经国务院反洗钱行政主管部门或者其设区的市级以上派出机构负责人批准”；并将“合法证件”修改为“执法证件”，更符合执法规范化的要求。四是增加规定，对于涉及特定非金融机构的，可以请求特定非金融机构主管部门协助。特定非金融机构主管部门协助调查，有利于更好开展调查工作，发挥监管合力。五是增加特定非金融机构配合反洗钱调查义务。规定特定非金融机构应当配合调查，并按要求在规定时间内提供有关文件、资料，并增加特定非金融机构在调查人员少于二人或者未出示执法证件和调查通知书拒绝接受调查的权利，维护正当权益，督促调查机关规范执法。

第四十四条　【反洗钱调查措施】

修订前	修订后
第二十四条　调查可疑交易活动，可以询问金融机构有关人员，要求其说明情况。 询问应当制作询问笔录。询问笔录应当交被询问人核对。记载有遗漏或者差错的，被询问人可以要求补充或者更正。被询问人确认笔录无误后，应当签名或者盖章；调查人员也应当在笔录上签名。	**第四十四条　国务院反洗钱行政主管部门或者其设区的市级以上派出机构开展反洗钱**调查，可以**采取下列措施**： **（一）**询问金融机构**、特定非金融机构**有关人员，要求其说明情况； **（二）**查阅、复制被调查对象的账户信息、交易记录和其他有关资料；

第二十五条 调查中需要进一步核查的，经国务院反洗钱行政主管部门或者其省一级派出机构的负责人批准，可以查阅、复制被调查对象的账户信息、交易记录和其他有关资料；对可能被转移、隐藏、篡改或者毁损的文件、资料，可以予以封存。 调查人员封存文件、资料，应当会同在场的金融机构工作人员查点清楚，当场开列清单一式二份，由调查人员和在场的金融机构工作人员签名或者盖章，一份交金融机构，一份附卷备查。	（三）对可能被转移、隐匿、篡改或者毁损的文件、资料予以封存。 询问应当制作询问笔录。询问笔录应当交被询问人核对。记载有遗漏或者差错的，被询问人可以要求补充或者更正。被询问人确认笔录无误后，应当签名或者盖章；调查人员也应当在笔录上签名。 调查人员封存文件、资料，应当会同金融机构**、特定非金融机构的**工作人员查点清楚，当场开列清单一式二份，由调查人员和金融机构**、特定非金融机构的**工作人员签名或者盖章，一份交金融机构**或者特定非金融机构**，一份附卷备查。

这次修订将原反洗钱法第二十四条与第二十五条合并为第四十四条，进一步细化反洗钱调查措施。

主要作了以下修改：一是将原来第二十四条和第二十五条规定的调查措施合并为一条三项，调查措施更加清晰明了，便于实践执行。二是进一步明确采取反洗钱调查措施的机关是国务院反洗钱行政主管部门或者其设区的市级以上派出机构。三是增加特定非金融机构及其工作人员作为可以采取反洗钱调查措施的调查对象。根据预防洗钱活动的实践需要，增加对特定非金融机构反洗钱调查的要求。

第四十五条 【线索移送、临时冻结】

修订前	修订后
第二十六条 经调查仍不能排除洗钱嫌疑的，应当立即向有管辖权的侦查机关报案。客户要求将调查所涉及的账户资金转往境外的，经国务院反洗钱行政主管部门负责人批准，可以采取临时冻结措施。 侦查机关接到报案后，对已依照前款规定临时冻结的资金，应当及时决定是否继续冻结。侦查机关认为需要继续冻结的，依照刑事诉讼法的规定采取冻结措施；认为不需要继续冻结的，应当立即通知国务院反洗钱行政主管部门，国务院反洗钱行政主管部门应当立即通知金融机构解除冻结。 临时冻结不得超过四十八小时。金融机构在按照国务院反洗钱行政主管部门的要求采取临时冻结措施后四十八小时内，未接到侦查机关继续冻结通知的，应当立即解除冻结。	**第四十五条** 经调查仍不能排除洗钱嫌疑**或者发现其他违法犯罪线索**的，应当**及时**向有管辖权的机关**移送**。**接受移送的机关应当按照有关规定反馈处理结果。** 客户**转移**调查所涉及的账户资金的，国务院反洗钱行政主管部门**认为必要时，**经**其**负责人批准，可以采取临时冻结措施。 **接受移送的机关接到线索**后，对已依照前款规定临时冻结的资金，应当及时决定是否继续冻结。**接受移送的**机关认为需要继续冻结的，依照**相关法律**规定采取冻结措施；认为不需要继续冻结的，应当立即通知国务院反洗钱行政主管部门，国务院反洗钱行政主管部门应当立即通知金融机构解除冻结。 临时冻结不得超过四十八小时。金融机构在按照国务院反洗钱行政主管部门的要求采取临时冻结措施后四十八小时内，未接到**国家有关**机关继续冻结通知的，应当立即解除冻结。

这次修订对原反洗钱法第二十六条作了修改，将条文序号调整为第四十五条，进一步完善了案件移送、临时冻结的规定。

主要作了以下修改：一是扩大案件移送的范围，将“洗钱嫌疑”修改为“洗钱嫌疑或者发现其他违法犯罪线索”。反洗钱行政主管部门在对可疑交易活动开展行政调查后无法排除洗钱嫌疑的，应当移送有洗钱犯罪侦查职责的机关处理。同时，在行政调查中还可能发现其他上游犯罪的线索，对此，也应当及时移送有管辖权的机关处理。二是增加规定接受移送的机关应当按照有关规定反馈处理结果。将处理结果反馈移送机关有利于反洗钱行政主管部门更加精准地采取反洗钱预防措施。三是将临时冻结情形由"客户要求将调查所涉及的账户资金转往境外"扩大为"客户转移调查所涉及的账户资金"，以保障涉嫌洗钱账户资金不被转移，防范洗钱行为发生。四是增加采取临时冻结措施适用的条件，明确规定为国务院反洗钱行政主管部门"认为必要时"。五是将第三款、第四款中的侦查机关调整为"国家有关机关"。实践中接受移送的机关除公安机关、检察机关外，还可能是监察机关等。

第五章　反洗钱国际合作

第四十六条　【国际合作原则】

修订前	修订后
第二十七条　中华人民共和国根据缔结或者参加的国际条约，或者按照平等互惠原则，开展反洗钱国际合作。	**第四十六条**　中华人民共和国根据缔结或者参加的国际条约，或者按照平等互惠原则，开展反洗钱国际合作。

本条是关于国际合作原则的规定，这次修订对本条未作修改。

本条规定我国开展反洗钱国际合作的基本依据是我国缔结或者参加的国际条约，包括我国签署、批准的联合国公约，以及我国与其他国际组织、国家或者地区缔结的双边或者多边协定或者条约等。我国缔结或者参加的国际公约有规定的，根据该条约规定的途径和方式开展反洗钱国际合作；国际条约无相应规定的，或者我国与其他国家或地区尚未缔结双边或者多边协定、条约的，则按照平等互惠的基本原则，开展反洗钱国际合作。

第四十七条　【各部门国际合作职责】

修订前	修订后
第二十八条　国务院反洗钱行政主管部门根据国务院授权，代表中国政府与外国政府和有关国际组织开展反洗钱合作，依法与境外反洗钱机构交换与反洗钱有关的信息和资料。	**第四十七条**　国务院反洗钱行政主管部门根据国务院授权，**负责组织、协调反洗钱国际合作，**代表中国政府**参与**有关国际组织**活动**，依法与境外**相关**机构开展反洗钱合作，交换反洗钱信息。

	国家有关机关依法在职责范围内开展反洗钱国际合作。

这次修订对原反洗钱法第二十八条作了修改，将条文序号调整为第四十七条，进一步明确国家有关机关开展反洗钱国际合作的职责。

主要作了以下修改：一是明确国务院反洗钱行政主管部门“负责组织、协调反洗钱国际合作”的职能，并根据国务院授权，可以代表中国政府参与有关国际组织活动。二是将开展反洗钱合作的主体由“境外反洗钱机构”扩大为“境外相关机构”，将涉及反洗钱的相关职权主体全部纳入国际合作范围，以更有利于与国际社会加强反洗钱合作。三是增加一款规定，明确国家有关机关依法在职责范围内开展国际合作。洗钱行为链条长、涉及主体多，可能存在跨国、跨地域洗钱情形，涉及违法犯罪问题，不仅需要国务院反洗钱行政主管部门之间的合作，还需要外交部门、司法机关等进行刑事司法协助等国际合作。

第四十八条　【国际司法协助】

修订前	修订后
第二十九条　涉及追究洗钱犯罪的司法协助，由司法机关依照有关法律的规定办理。	**第四十八条**　涉及追究洗钱犯罪的司法协助，依照**《中华人民共和国国际刑事司法协助法》以及**有关法律的规定办理。

这次修订将原反洗钱第二十九条作了修改，将条文序号调整为第四十八条，进一步修改完善了国际司法协助的规定，与国际刑事司法协助法的规定相衔接。

主要作了以下修改：一是删去了“司法机关”，根据国际刑事司法协助法的规定，开展国际刑事司法协助的主管机关，不仅包括最高人民法院和最高人民检察院，还包括国家监察委员会、公安部、国家安全部等部门。从国际刑事司法协助的实践来看，对外联系机关不限于外交部门，还包括国家监察委员会、最高人民法院、最高人民检察院、公安部等部门。涉及追究洗钱犯罪的司法协助，不仅涉及司法机关的职责管辖，还涉及其他有关主管机关的职责管辖，规定只由司法机关依照有关法律的规定办理，已不符合实际，扩大司法协助的主体更有利于反洗钱国际合作的开展和落实。二是增加依照“国际刑事司法协助法”等有关法律的规定。这样修改是根据惩治洗钱犯罪实际并与国际刑事司法协助法等相衔接。涉及追究洗钱犯罪的司法协助，主要依照国际刑事司法协助法、引渡法、刑事诉讼法等的有关具体规定办理。

第四十九条　【境外金融机构配合调查】

修订前	修订后
未作规定。	**第四十九条　国家有关机关在依法调查洗钱和恐怖主义融资活动过程中，按照对等原则或者经与有关国家协商一致，可以要求在境内开立代理行账户或者与我国存在其他密切金融联系的境外金融机构予以配合。**

这次修订增加了本条规定，明确了国家有关机关开展反洗钱跨境调查的内容。

增加本条规定，主要是为适应预防、发现和惩治洗钱和恐怖融资犯罪活动，维护我国国家主权、安全和利益的需要，在国际通行的对等原则或协商一致前提下，适当扩展我国反洗钱法律制度的域外效力。本条规定的跨境调查的主体是国家有关机关，包括本法规定的反洗钱行政主管部门，以及侦查、调查洗钱犯罪和相关犯罪的国家机关。本条规定的“调查”，包括行政调查，也可以是刑事侦查或者监察调查。本条规定的跨境调查的条件是“按照对等原则或者经与有关国家协商一致”，包括与外国对我国采取的措施对等和与外国协商一致两种情况，体现了维护我国国家主权和利益，同时尊重国际法原则的精神。跨境调查可以要求配合的对象，一是在我国境内开立代理行账户的境外金融机构；二是与我国存在其他密切金融联系的境外金融机构。跨境调查措施的具体内容，主要是要求跨境金融机构对我国有关机关的调查活动予以配合。具体配合的形式和内容可根据实际情况和调查案件的需要确定。

第五十条 【境外执法要求的处理】

修订前	修订后
未作规定。	第五十条　外国国家、组织违反对等、协商一致原则直接要求境内金融机构提交客户身份资料、交易信息，扣押、冻结、划转境内资金、资产，或者作出其他行动的，金融机构不得擅自执行，并应当及时向国务院有关金融管理部门报告。 除前款规定外，外国国家、组织基于合规监管的需要，要求境内金融机构提供概要性合规信息、经营信息等信息的，境内金融机构向国务院有关金融管理部门和国家有关机关报告后可以提供或者予以配合。 前两款规定的资料、信息涉及重要数据和个人信息的，还应当符合国家数据安全管理、个人信息保护有关规定。

这次修订增加了本条规定，明确了金融领域对外国不当执法阻却措施的内容。

增加本条规定，主要是针对一些国家基于其国内法，对我国金融机构进行不当执法的情况，根据维护我国国家主权、安全和利益，维护我国金融机构合法权益的需要，对外国不当执法规定阻却措施，阻却他国基于不当域外适用法律，要求我国金融机构或相关人员提供信息、冻结或扣押财产等行为，通过法律规定，明确我国机构和个人不得擅自执行。一是规定境内金融机构对外国不当执法要求不得擅自执行和向有关部门报告的义务，主要是不得擅自依照外国执法机关要求提供资料、信息，划转资金、资产。这是境内金融机构的法定义务。二是规定金融机构对外国合理的合规监管提供信息要求，经向有关部门报告后可以予以配合，主要是对外提供概要性合规信息、经营信息等信息。这一规定体现了既维护我国国家安全和利益，又统筹发展和安全，坚持和扩大金融领域对外开放，促进国际合作，推动我国金融机构海外发展。三是对重要数据和个人信息，作出与数据安全管理、个人信息保护法律制度衔接性的规定。

第六章　法律责任

第五十一条　【监管部门工作人员违法责任】

修订前	修订后
第三十条　反洗钱行政主管部门和其他依法负有反洗钱监督管理职责的部门、机构从事反洗钱工作的人员有下列行为之一的，依法给予行政处分： （一）违反规定进行检查、调查或者采取临时冻结措施的； （二）泄露因反洗钱知悉的国家秘密、商业秘密或者个人隐私的； （三）违反规定对有关机构和人员实施行政处罚的； （四）其他不依法履行职责的行为。	**第五十一条**　反洗钱行政主管部门和其他依法负有反洗钱监督管理职责的部门从事反洗钱工作的人员有下列行为之一的，依法给予处分： （一）违反规定进行检查、调查或者采取临时冻结措施； （二）泄露因反洗钱知悉的国家秘密、商业秘密或者个人隐私、**个人信息**； （三）违反规定对有关机构和人员实施行政处罚； （四）其他不依法履行职责的行为。 **其他国家机关工作人员有前款第二项行为的，依法给予处分。**

这次修订对原反洗钱法第三十条作了修改，将条文序号调整为第五十一条，细化和完善了监管部门工作人员违法责任的规定。

主要作了以下修改：一是第一款将“依法给予行政处分”修改为“依法给予处分”。这样规定与公务员法、公职人员政务处分法等相衔接。二是第一款第二项中增加了“个人信息”。个人信息保护法通过以后对个人信息作了界定并加强保护，根据加强保护个人信息的需要，与其他有关法律衔接，明确增加规定“个人信息”的保密要求。三是增加一款“其他国家机关工作人员有前款第二项行为的，依法给予处分”的规定。增加了其他有关国家机关工作人员保守因反洗钱知悉的国家秘密、商业秘密或者个人隐私、个人信息，有利于落实保守反洗钱相关秘密、有关信息的义务，防止对有关企业和个人造成不利影响。

第五十二条　【未落实内部控制制度的处罚】

修订前	修订后
第三十一条　金融机构有下列行为之一的，由国务院反洗钱行政主管部门或者其授权的设区的市一级以上派出机构责令限期改正；情节严重的，建议有关金融监督管理机构依法责令金融机构对直接负责的董事、高级管理人员和其他直接责任人员给予纪律处分： （一）未按照规定建立反洗钱内部控制制度的； （二）未按照规定设立反洗钱专门机构或者指定内设机构负责反洗钱工作的； （三）未按照规定对职工进行反洗钱培训的。	**第五十二条**　金融机构有下列**情形**之一的，由国务院反洗钱行政主管部门或者其设区的市级以上派出机构责令限期改正；情节**较重**的，**给予警告或者处二十万元以下罚款；情节严重或者逾期未改正的，处二十万元以上二百万元以下罚款，可以根据情形在职责范围内或者**建议有关**金融管理部门限制或者禁止其开展相关业务**： （一）未按照规定**制定、完善**反洗钱内部控制制度**规范**； （二）未按照规定设立专门机构或者指定内设机构**牵头**负责反洗钱工作； **（三）未按照规定根据经营规模和洗钱风险状况配备相应人员；** **（四）未按照规定开展洗钱风险评估或者健全相应的风险管理制度；** **（五）未按照规定制定、完善可疑交易监测标准；**

	（六）未按照规定开展反洗钱内部审计或者社会审计； （七）未按照规定开展反洗钱培训； （八）应当建立反洗钱相关信息系统而未建立，或者未按照规定完善反洗钱相关信息系统； （九）金融机构的负责人未能有效履行反洗钱职责。

这次修订对原反洗钱法第三十一条进行修改，将条文序号调整为第五十二条，完善了金融机构违反内部控制规定的处罚种类和情形。

主要作了以下修改：一是完善金融机构违反内部控制处罚的种类。在原有的责令限期整改的基础上，即对金融机构情节较重的，给予警告或者处二十万元以下罚款；对情节严重或者逾期未改正的，给予警告，并处二十万元以上二百万元以下罚款，根据情形在职责范围内或者建议有关金融管理部门限制或者禁止其开展相关业务。本条增设警告和经济处罚等处罚措施，增加处罚类型，有助于督促金融机构加强反洗钱制度建设，防范洗钱风险。二是进一步补充完善处罚情形。在第三项增加“未按照规定根据经营规模和洗钱风险状况配备相应人员”，第四项增加“未按照规定开展洗钱风险评估或者健全相应的风险管理制度”，第五项增加“未按照规定制定、完善可疑交易监测标准”，第六项增加“未按照规定开展反洗钱内部审计或者社会审计”，第八项增加“应当建立反洗钱相关信息系统而未建立，或者未按照规定完善反洗钱相关信息系统”，第九项增加“金融机构的负责人未能有效履行反洗钱职责”等情形。主要考虑到内控制度包括对机构和人员、风险评估和风险管理制度、交易监测标准、反洗钱信息系统、内部审计、负责人履职等方面的管理，违反规定的，有必要明确相应法律责任。

第五十三条 【未落实反洗钱核心制度的处罚】

修订前	修订后
第三十二条第一款 金融机构有下列行为之一的，由国务院反洗钱行政主管部门或者其授权的设区的市一级以上派出机构责令限期改正；情节严重的，处二十万元以上五十万元以下罚款，并对直接负责的董事、高级管理人员和其他直接责任人员，处一万元以上五万元以下罚款： （一）未按照规定履行客户身份识别义务的； （二）未按照规定保存客户身份资料和交易记录的； （三）未按照规定报送大额交易报告或者可疑交易报告的； ……	**第五十三条** 金融机构有下列行为之一的，由国务院反洗钱行政主管部门或者其设区的市级以上派出机构责令限期改正，**可以给予警告或者处二十万元以下罚款**；情节严重**或者逾期未改正**的，处二十万元以上**二百**万元以下罚款： （一）未按照规定**开展**客户**尽职调查**； （二）未按照规定保存客户身份资料和交易记录； （三）未按照规定报告大额交易； **（四）**未按照规定报告可疑交易。

这次修订对原反洗钱法第三十二条第一款第一项至第三项作了修改完善，将条文序号调整为第五十三条，进一步完善了对金融机构违反客户尽职调查等的处罚力度。

主要作了以下修改：一是对第一档责令限期改正的，增加规定“可以给予警告或者处二十万元以下罚款”，主要是考虑到对于情节较重的违法行为，限期改正不足以惩戒的，可以给予处罚。二是第二档处罚增加“逾期未改正的”情形，并将处罚上限由“五十万元”提高到“二百万元”，加大了对违法行为的处罚力度。三是将对董事、高级管理人员和其他直接责任人员的处罚移至第五十六条统一规定。四是将第一项“未按照规定履行客户身份识别义务的”修改为“未按照规定开展客户尽职调查”。“客户尽职调查”更能反映当前国际反洗钱监管发展的新趋势、新要求。

第五十四条 【其他违反反洗钱义务的处罚】

修订前	修订后
第三十二条第一款 金融机构有下列行为之一的，由国务院反洗钱行政主管部门或者其授权的设区的市一级以上派出机构责令限期改正；情节严重的，处二十万元以上五十万元以下罚款，并对直接负责的董事、高级管理人员和其他直接责任人员，处一万元以上五万元以下罚款： …… （四）与身份不明的客户进行交易或者为客户开立匿名账户、假名账户的； （五）违反保密规定，泄露有关信息的； （六）拒绝、阻碍反洗钱检查、调查的； （七）拒绝提供调查材料或者故意提供虚假材料的。	**第五十四条** 金融机构有下列行为之一的，由国务院反洗钱行政主管部门或者其设区的市级以上派出机构责令限期改正，**处五十万元以下罚款；情节严重的，**处五十万元以上**五百**万元以下罚款，**可以根据情形在职责范围内或者建议有关金融管理部门限制或者禁止其开展相关业务：** **（一）**为身份不明的客户**提供服务、与其**进行交易，为客户开立匿名账户、假名账户，**或者为冒用他人身份的客户开立账户；** **（二）未按照规定对洗钱高风险情形采取相应洗钱风险管理措施；** **（三）未按照规定采取反洗钱特别预防措施；** （四）违反保密规定，**查询、**泄露有关信息； （五）拒绝、阻碍反洗钱**监督管理**、调查，或者故意提供虚假材料； （六）**篡改、伪造或者无正当理由删除客户身份资料、交易记录；** （七）**自行或者协助客户以拆分交易等方式故意逃避履行反洗钱义务。**

这次修订对原反洗钱法第三十二条第一款第四项至第七项作了修改完善，将条文序号调整为第五十四条，补充了金融机构违反其他反洗

钱义务行为，并加大了处罚的力度。

主要作了以下修改：一是对金融机构严重违反反洗钱义务的行为，加大处罚力度，除责令限期改正外，增加处五十万元以下罚款，并将罚款的上限从“五十万元”提高到“五百万元”，同时增加规定“可以根据情形在职责范围内或者建议有关金融管理部门限制或者禁止其开展相关业务”。二是增加金融机构严重违反反洗钱义务的处罚行为，包括“为冒用他人身份的客户开立账户”，“未按照规定对洗钱高风险情形采取相应洗钱风险管理措施”，“未按照规定采取反洗钱特别预防措施”，违反保密规定“查询”有关信息，“篡改、伪造或者无正当理由删除客户身份资料、交易记录”，“自行或者协助客户以拆分交易等方式故意逃避履行反洗钱义务”。

第五十五条　【致使发生洗钱或恐怖融资后果的处罚】

修订前	修订后
第三十二条第二款　金融机构有前款行为，致使洗钱后果发生的，处五十万元以上五百万元以下罚款，并对直接负责的董事、高级管理人员和其他直接责任人员处五万元以上五十万元以下罚款；情节特别严重的，反洗钱行政主管部门可以建议有关金融监督管理机构责令停业整顿或者吊销其经营许可证。	**第五十五条**　金融机构有**本法第五十三条、第五十四条规定**的行为，致使**犯罪所得及其收益通过本机构得以掩饰、隐瞒的，或者致使恐怖主义融资**后果发生的，**由国务院反洗钱行政主管部门或者其设区的市级以上派出机构责令限期改正，涉及金额不足一千万元的**，处五十万元以上一千万元以下罚款；**涉及金额一千万元以上的，处涉及金额百分之二十以上二倍以下罚款**；情节严重的，可以**根据情形在职责范围内实施或者**建议有关金融管理**部门实施限制、禁止其开展相关业务，或者**责令停业整顿、吊销经营许可证**等处罚**。

这次修订对原反洗钱法第三十二条第二款作了修改完善，将条文序号调整为第五十五条，加大对洗钱发生后果的处罚力度，并增加对金融机构违反规定致使恐怖融资后果发生的处罚。

主要作了以下修改：一是进一步明确处罚主体，规定由“国务院反洗钱行政主管部门或者其设区的市级以上派出机构”予以处罚。二是增加对金融机构违反规定，致使恐怖主义融资后果发生的处罚。三是加大罚款处罚力度，增加行政处罚种类，将“处五万元以上五十万元以下罚款”修改为“责令限期改正，涉及金额不足一千万元的，处五十万元以上一千万元以下罚款；涉及金额一千万元以上的，处涉及金额百分之二十以上二倍以下罚款”，并将可以“责令停业整顿或者吊销其经营许可证”修改为可以“限制、禁止其开展相关业务，或者责令停业整顿、吊销经营许可证等处罚”。本次修改调整了罚款金额和罚款方式，采用数额和倍比相结合的方式，以适应不同情况需要。四是将对董事、高级管理人员和其他直接责任人员的处罚移至第五十六条统一规定。

第五十六条 【对金融机构相关责任人员的处罚】

修订前	修订后
第三十一条 金融机构有下列行为之一的，由国务院反洗钱行政主管部门或者其授权的设区的市一级以上派出机构责令限期改正；情节严重的，建议有关金融监督管理机构依法责令金融机构对直接负责的董事、高级管理人员和其他直接责任人员给予纪律处分： …… **第三十二条** 金融机构有下列行为之一的，由国务院反洗钱行政主管部门或者其授权的设区的市一级以上派出机构责令限期改	**第五十六条** 国务院反洗钱行政主管部门或者其设区的市级以上派出机构**依照本法第五十二条至第五十四条规定对金融机构进行处罚的，还可以根据情形对负有责任**的董事、**监事**、高级管理人员**或者**其他直接责任人员，**给予警告或者处二十万元以下罚款；情节严重的，可以根据情形在职责范围内实施或者**建议有关金融管理**部门实施**取消其任职资格、禁止其从事有关金融行业工作等**处罚**。

正；情节严重的，处二十万元以上五十万元以下罚款，并对直接负责的董事、高级管理人员和其他直接责任人员，处一万元以上五万元以下罚款： …… 金融机构有前款行为，致使洗钱后果发生的，处五十万元以上五百万元以下罚款，并对直接负责的董事、高级管理人员和其他直接责任人员处五万元以上五十万元以下罚款；情节特别严重的，反洗钱行政主管部门可以建议有关金融监督管理机构责令停业整顿或者吊销其经营许可证。 对有前两款规定情形的金融机构直接负责的董事、高级管理人员和其他直接责任人员，反洗钱行政主管部门可以建议有关金融监督管理机构依法责令金融机构给予纪律处分，或者建议依法取消其任职资格、禁止其从事有关金融行业工作。	**国务院反洗钱行政主管部门或者其设区的市级以上派出机构依照本法第五十五条规定对**金融机构**进行处罚的，还可以根据情形对负有责任**的董事、**监事**、高级管理人员**或者**其他直接责任人员，**处二十万元以上一百万元以下罚款；情节严重的，可以根据情形在职责范围内实施或者**建议有关金融管理**部门实施**取消其任职资格、禁止其从事有关金融行业工作**等处罚**。 **前两款规定的金融机构董事、监事、高级管理人员或者其他直接责任人员能够证明自己已经勤勉尽责采取反洗钱措施的，可以不予处罚。**

这次修订将原反洗钱法第三十一条、第三十二条中对金融机构相关责任人员的处罚合并在第五十六条中统一规定，并扩大处罚主体，加大处罚力度，同时增加对勤勉尽责不予处罚的规定。

主要作了以下修改：一是将原第三十一条、第三十二条对相关责任人员的处罚统一在一条中规定，并扩大处罚主体，将金融机构“直接负责的董事、高级管理人员和其他直接责任人员”修改为“负有责任的董事、监事、高级管理人员或者其他直接责任人员”。实践中，董事、监事和高级管理人员负有责任，但有时并非“直接责任”，可能是领导责任；有些机构，“监事”也属于分管反洗钱的高级管理人员。二是加大处罚力度，第一款将金融机构违反内部控制制度，对相关责任人员“给予纪律处分”，金融机构违反反洗钱义务，对相关责任人员“处一万元以上五万元以下罚款”合并修改为“给予警告或者处二十万元以下罚款”。第二款对发生洗钱或恐怖融资后果的，对相关责任人员“处五万元以上五十万元以下罚款”修改为“处二十万元以上一百万元以下罚款”。三是增加了一款“前两款规定的金融机构董事、监事、高级管理人员或者其他直接责任人员能够证明自己已经勤勉尽责采取反洗钱措施的，可以不予处罚”的规定，对勤勉尽责的责任人员，明确可以不予处罚，以做到主客观相统一，过罚相当。

第五十七条　【违反阻却、境外配合调查要求的处罚】

修订前	修订后
未作规定。	第五十七条　金融机构违反本法第五十条规定擅自采取行动的，由国务院有关金融管理部门处五十万元以下罚款；情节严重的，处五十万元以上五百万元以下罚款；造成损失的，并处所造成直接经济损失一倍以上五倍以下罚款。对负有责任的董事、监事、高级管理人员或者其他直接责任人员，可以由国务院有关金融管理部门给予警告或者处五十万元以下罚款。 境外金融机构违反本法第四十九条规定，对国家有关机关的调查不予配合的，由国务院反洗钱行政主管部门依照本法第五十四条、第五十六条规定进行处罚，并可以根据情形将其列入本法第四十条第一款第三项规定的名单。

这次修订增加了本条规定，明确了境内外金融机构违反本法金融阻却和境外配合调查要求的处罚的内容。

增加本条规定，主要是对本法第五十条和第四十九条规定的境内外金融机构的相关法定义务规定相应的法律责任。一是本法第五十条规定了我国境内金融机构遵守对外国不当执法阻却措施的义务，包括对外国国家、组织不合理的执法要求不得擅自执行，并应当及时向国务院有关金融管理部门报告；对合理的执法要求经报告后予以配合等。境内金融机构违反这一规定，可能对我国国家主权、安全和利益、我国境内有关组织和个人的合法权益造成危害。本条规定了对金融机构及其相关责任人员的相应处罚措施。二是本法第四十九条规定，国家有关机关在依法调查洗钱和恐怖主义融资活动过程中，按照对等原则或者经与有关国家协商一致，可以要求在境内开立代理行账户或者与我国存在其他密切金融联系的境外金融机构予以配合。本条规定了境外金融机构及其相关责任人员对国家有关机关的调查不予配合的相应处罚措施，确保我国有关国家机关的调查措施有效实施。

第五十八条　【对特定非金融机构的处罚】

修订前	修订后
未作规定。	第五十八条　特定非金融机构违反本法规定的，由有关特定非金融机构主管部门责令限期改正；情节较重的，给予警告或者处五万元以下罚款；情节严重或者逾期未改正的，处五万元以上五十万元以下罚款；对有关负责人，可以给予警告或者处五万元以下罚款。

这次修订增加了本条规定，明确了特定非金融机构违反本法规定的反洗钱义务的法律责任。

增加本条规定，主要是明确了特定非金融机构不履行或者不按照规定履行反洗钱义务时应当承担的法律责任。本条按照过罚相当原则，区别情况，明确了特定非金融机构的法律责任，以方便实践执行。法律责任分为三个层次：对于违法情节较轻的，由有关特定非金融机构主管部门责令限期改正；对于违法情节较重的，由有关特定非金融机构主管部门给予警告或者处五万元以下罚款；对于违法情节严重或者逾期未改正的，由有关特定非金融机构主管部门处五万元以上五十万元以下罚款。考虑到特定非金融机构有关负责人对违法行为也负有一定责任，本条规定对有关负责人，可以由有关特定非金融机构主管部门给予警告或者处五万元以下罚款。实际执法中，对于违法的特定非金融机构，应当根据本法第六十一条规定的精神，综合考虑特定非金融机构的经营规模、内部控制制度执行情况、勤勉尽责程度、违法行为持续时间、危害程度以及整改情况等因素，在本条规定的处罚幅度内进行处罚。

第五十九条　【违反反洗钱特别预防措施的处罚】

修订前	修订后
未作规定。	第五十九条　金融机构、特定非金融机构以外的单位和个人未依照本法第四十条规定履行反洗钱特别预防措施义务的，由国务院反洗钱行政主管部门或者其设区的市级以上派出机构责令限期改正；情节严重的，对单位给予警告或者处二十万元以下罚款，对个人给予警告或者处五万元以下罚款。

这次修订增加了本条规定，规定了对违反反洗钱特别预防措施的处罚。

增加本条规定，主要是落实相关责任主体履行反洗钱特别预防措施的规定，并与本法其他法律责任条款相衔接。本法第四十条规定了任何单位和个人应当按照国家有关机关要求对名单所列对象采取反洗钱特别预防措施，具体包括国家反恐怖主义工作领导机构认定并由其办事机构公告的恐怖活动组织和人员名单；外交部发布的执行联合国安理会决议通知中涉及定向金融制裁的组织和人员名单；国务院反洗钱行政主管部门认定或者会同国家有关机关认定的，具有重大洗钱风险、不采取措施可能造成严重后果的组织和人员名单。为保证单位和个人依法履行义务，本法第五十四条对金融机构未按照规定采取反洗钱特别预防措施规定了相应的法律责任，第五十八条对特定非金融机构违反本法规定的行为规定了相应的法律责任。本条对金融机构、特定非金融机构以外的单位和个人未按照规定履行反洗钱特别预防措施义务规定了相应的法律责任。

第六十条　【违反受益所有人信息管理规定的处罚】

修订前	修订后
未作规定。	第六十条　法人、非法人组织未按照规定向登记机关提交受益所有人信息的，由登记机关责令限期改正；拒不改正的，处五万元以下罚款。向登记机关提交虚假或者不实的受益所有人信息，或者未按照规定及时更新受益所有人信息的，由国务院反洗钱行政主管部门或者其设区的市级以上派出机构责令限期改正；拒不改正的，处五万元以下罚款。

这次修订增加了本条规定，规定了违反受益所有人信息管理规定的处罚。

增加本条规定，主要是防范利用法人和非法人组织，掩饰或隐瞒真实身份从事洗钱活动。要求金融机构识别受益人的身份，有利于加强对客户关系的了解，佐证其对客户身份识别的结果，调整其对客户信用的评级和分类，及时发现可能涉及违法犯罪资金的交易，防止违法犯罪分子利用“法人面纱”掩饰、隐瞒资金的非法来源和性质。因此，法人、非法人组织依法如实提交受益所有人信息并及时更新受益所有人信息是其应有的法定义务。本条对法人、非法人组织未按照规定向登记机关提交受益所有人信息及向登记机关提交虚假或者不实的受益所有人信息，或者未按照规定及时更新受益所有人信息这三类行为的法律责任作了规定。

第六十一条　【制定处罚裁量基准】

修订前	修订后
未作规定。	第六十一条　国务院反洗钱行政主管部门应当综合考虑金融机构的经营规模、内部控制制度执行情况、勤勉尽责程度、违法行为持续时间、危害程度以及整改情况等因素，制定本法相关行政处罚裁量基准。

这次修订增加了本条规定，明确了制定行政处罚裁量基准的具体要求。

增加本条规定，主要是落实细化行政处罚法关于制定行政处罚裁量基准的有关规定。行政处罚法第三十四条规定，行政机关可以依法制定行政处罚裁量基准，规范行使行政处罚裁量权。行政处罚裁量基准应当向社会公布。国务院反洗钱行政主管部门制定本法相关行政处罚裁量基准，是行政处罚法的衔接和落实。金融机构规模大小差别较大、违规行为严重程度不同、勤勉尽责程度和违规行为危害等因素，直接影响了行政处罚的基准和幅度。因此，该条明确了结合上述因素制定裁量基准的要求，也符合对行政执法细化裁量基准的有关要求。

第六十二条 【刑事责任的衔接】

<table>
<tr><th>修订前</th><th>修订后</th></tr>
<tr><td>第三十三条　违反本法规定，构成犯罪的，依法追究刑事责任。</td><td>第六十二条　违反本法规定，构成犯罪的，依法追究刑事责任。
利用金融机构、特定非金融机构实施或者通过非法渠道实施洗钱犯罪的，依法追究刑事责任。</td></tr>
<tr><td colspan="2">这次修订对原反洗钱法第三十三条作了修改完善，将条文序号调整为第六十二条，在原来对违反本法规定构成犯罪的法律责任的衔接性规定基础上，还对依法追究洗钱犯罪的刑事责任作了衔接性规定。
主要作了以下修改：增加了第二款关于利用金融机构、特定非金融机构或者非法渠道实施洗钱犯罪依法追究刑事责任的衔接性规定。我国1997年刑法即规定了洗钱相关犯罪，刑法修正案（三）、刑法修正案（六）、刑法修正案（七）先后对洗钱犯罪进行了修改完善。2020年通过的刑法修正案（十一），还将“自洗钱”纳入洗钱犯罪范围。近年来，随着反洗钱工作不断加强，洗钱活动愈发隐蔽，呈现出由银行转账、第三方支付等传统金融方式向虚拟货币、网络充值币、“地下钱庄”等领域转移的特点，作为反洗钱领域的专门性法律，有必要对利用各种渠道进行洗钱犯罪，依法承担刑事责任作出衔接性规定。需要注意的是，本条第一款是违反本法规定构成犯罪追究刑事责任的规定，第二款是关于追究洗钱犯罪的刑事责任的规定，实践中具体如何追究刑事责任，应当以刑法的具体规定为依据。</td></tr>
</table>

第七章　附　　则

第六十三条　【履行金融机构反洗钱义务的范围】

修订前	修订后
第三十四条　本法所称金融机构，是指依法设立的从事金融业务的政策性银行、商业银行、信用合作社、邮政储汇机构、信托投资公司、证券公司、期货经纪公司、保险公司以及国务院反洗钱行政主管部门确定并公布的从事金融业务的其他机构。	**第六十三条**　**在境内**设立的**下列机构，履行**本法**规定的**金融机构**反洗钱义务：** （一）银行**业**、证券**基金**期货**业**、保险**业**、信托**业金融机构；** **（二）非银行支付机构；** （三）国务院反洗钱行政主管部门确定并公布的**其他**从事金融业务的机构。

这次修订对原反洗钱法第三十四条作了修改，将条文序号调整为第六十三条，进一步完善了履行本法规定的金融机构反洗钱义务的范围。

主要作了以下修改：一是不再界定金融机构的范围而是界定履行本法规定的金融机构反洗钱义务的机构的范围，金融机构如何界定，由其他专门法律规定。二是在列举项中增加一项"非银行支付机构"。这是考虑到，随着我国市场经济改革的不断深入和金融创新的发展，支付宝、微信支付等各种第三方支付机构涌现并获取了国内大量个人与商户消费用户，成为了个人和商户日常消费场景所使用的重要支付渠道，同时也带来了可能被利用成为洗钱、电信诈骗、非法集资等违法犯罪活动的非法通道的风险，应当纳入反洗钱义务主体范围。2023年11月24日，国务院常务会议通过《非银行支付机构监督管理条例》，为规范非银行支付机构行为提供了具体可操作的制度框架，将"非银行支付机构"纳入本法规定的应当履行金融机构反洗钱义务的机构范围符合反洗钱工作实际需求，有利于非银行支付行业的健康发展。至于其他在金融创新中发展出的各类机构，出于业态形式还在不断发展变化、规模影响不够大等原因，将其纳入反洗钱义务主体范围的条件尚不成熟，本条第三项作了兜底性规定，即“国务院反洗钱行政主管部门确定并公布的其他从事金融业务的机构”。

第六十四条　【履行特定非金融机构反洗钱义务的范围】

修订前	修订后
第三十五条　应当履行反洗钱义务的特定非金融机构的范围、其履行反洗钱义务和对其监督管理的具体办法，由国务院反洗钱行政主管部门会同国务院有关部门制定。	第六十四条　在境内设立的下列机构，履行本法规定的特定非金融机构反洗钱义务： （一）提供房屋销售、房屋买卖经纪服务的房地产开发企业或者房地产中介机构； （二）接受委托为客户办理买卖不动产，代管资金、证券或者其他资产，代管银行账户、证券账户，为成立、运营企业筹措资金以及代理买卖经营性实体业务的会计师事务所、律师事务所、公证机构； （三）从事规定金额以上贵金属、宝石现货交易的交易商； （四）国务院反洗钱行政主管部门会同国务院有关部门根据洗钱风险状况确定的其他需要履行反洗钱义务的机构。

这次修订对原反洗钱法第三十五条中涉及特定非金融机构的范围作了修改，将条文序号调整为第六十四条，进一步明确履行特定非金融机构反洗钱义务的范围。

主要作了以下修改：将应当履行反洗钱义务的特定非金融机构的范围由国务院反洗钱行政主管部门会同国务院有关部门制定，明确规定为四类。这样规定主要是考虑到2006年反洗钱法实施以来，随着反洗钱形势的发展变化，在金融行业反洗钱规定不断健全的情况下，不少非法资金转而通过特定非金融机构等非金融行业进行“洗白”。评估发现，贵金属、房地产等特定非金融行业因商品本身具有高价值，贵金属又具有易流通特征，洗钱风险相对较高，容易被违法犯罪活动利用。2018年《中国人民银行办公厅关于加强特定非金融机构反洗钱监管工作的通知》（银办发〔2018〕120号）明确哪些机构属于特定非金融机构。本条根据行业的洗钱风险状况、资金监管水平、履行反洗钱义务的能力等实际情况和需要，在2018年通知的基础上，列举了三类在特定业务领域需要履行反洗钱义务的特定非金融机构，并以兜底条款的形式规定“国务院反洗钱行政主管部门会同国务院有关部门根据洗钱风险状况确定的其他需要履行反洗钱义务的机构”，为国务院反洗钱行政主管部门会同国务院有关部门根据洗钱活动趋势、行业洗钱风险、行业监管状况等，在前三项以外增加其他特定非金融机构提供了法律依据。

第六十五条　【施行日期】

修订前	修订后
第三十七条　本法自2007年1月1日起施行。	**第六十五条**　本法自**2025**年1月1日起施行。

这次修订重新规定了本法的施行日期。

将修订后的反洗钱法的施行日期确定为2025年1月1日，从修订通过到实施留了近2个月的准备期，主要考虑：一是这次修订对原反洗钱法作了较大幅度修改，既有新增加的制度规定，也有对原有制度规定的进一步完善，涉及社会层面的内容较多，人民群众需要有一段时间的知悉和了解，需要做好宣传、解读工作。二是这次修订增加了许多新规定，且法律规定较为原则，有关方面需要修改或制定与本法配套的反洗钱相关规定，细化本法的有关规定，将本法切实落到实处。三是针对法律的新规定，无论是中国人民银行等反洗钱监督管理部门，还是金融机构、特定非金融机构等履行反洗钱义务的机构，其内部培训均需要一定的时间。

中华人民共和国主席令

第三十八号

《中华人民共和国反洗钱法》已由中华人民共和国第十四届全国人民代表大会常务委员会第十二次会议于2024年11月8日修订通过，现予公布，自2025年1月1日起施行。

中华人民共和国主席　习近平

2024年11月8日

中华人民共和国反洗钱法

（2006年10月31日第十届全国人民代表大会常务委员会第二十四次会议通过　2024年11月8日第十四届全国人民代表大会常务委员会第十二次会议修订）

目　　录

第一章　总　　则

第一条　为了预防洗钱活动，遏制洗钱以及相关犯罪，加强和规范反洗钱工作，维护金融秩序、社会公共利益和国家安全，根据宪法，制定本法。

第二条 本法所称反洗钱，是指为了预防通过各种方式掩饰、隐瞒毒品犯罪、黑社会性质的组织犯罪、恐怖活动犯罪、走私犯罪、贪污贿赂犯罪、破坏金融管理秩序犯罪、金融诈骗犯罪和其他犯罪所得及其收益的来源、性质的洗钱活动，依照本法规定采取相关措施的行为。

预防恐怖主义融资活动适用本法；其他法律另有规定的，适用其规定。

第三条 反洗钱工作应当贯彻落实党和国家路线方针政策、决策部署，坚持总体国家安全观，完善监督管理体制机制，健全风险防控体系。

第四条 反洗钱工作应当依法进行，确保反洗钱措施与洗钱风险相适应，保障正常金融服务和资金流转顺利进行，维护单位和个人的合法权益。

第五条 国务院反洗钱行政主管部门负责全国的反洗钱监督管理工作。国务院有关部门在各自的职责范围内履行反洗钱监督管理职责。

国务院反洗钱行政主管部门、国务院有关部门、监察机关和司法机关在反洗钱工作中应当相互配合。

第六条 在中华人民共和国境内（以下简称境内）设立的金融机构和依照本法规定应当履行反洗钱义务的特定非金融机构，应当依法采取预防、监控措施，建立健全反洗钱内部控制制度，履行客户尽职调查、客户身份资料和交易记录保存、大额交易和可疑交易报告、反洗钱特别预防措施等反洗钱义务。

第七条 对依法履行反洗钱职责或者义务获得的客户身份资料和交易信息、反洗钱调查信息等反洗钱信息，应当予以保密；非依法律规定，不得向任何单位和个人提供。

反洗钱行政主管部门和其他依法负有反洗钱监督管理职责的部门履行反洗钱职责获得的客户身份资料和交易信息，只能用于反洗钱监督管理和行政调查工作。

司法机关依照本法获得的客户身份资料和交易信息，只能用于反洗钱相关刑事诉讼。

国家有关机关使用反洗钱信息应当依法保护国家秘密、商业秘密和个人隐私、个人信息。

第八条 履行反洗钱义务的机构及其工作人员依法开展提交大额交易和可疑交易报告等工作，受法律保护。

第九条 反洗钱行政主管部门会同国家有关机关通过多种形式开展反洗钱宣传教育活动，向社会公众宣传洗钱活动的违法性、危害性及其表现形式等，增强社会公众对洗钱活动的防范意识和识别能力。

第十条 任何单位和个人不得从事洗钱活动或者为洗钱活动提供便利，并应当配合金融机构和特定非金融机构依法开展的客户尽职调查。

第十一条 任何单位和个人发现洗钱活动，有权向反洗钱行政主管部门、公安机关或者其他有关国家机关举报。接受举报的机关应当对举报人和举报内容保密。

对在反洗钱工作中做出突出贡献的单位和个人，按照国家有关规定给予表彰和奖励。

第十二条 在中华人民共和国境外（以下简称境外）的洗钱和恐怖主义融资活动，危害中华人民共和国主权和安全，侵犯中华人民共和国公民、法人和其他组织合法权益，或者扰乱境内金融秩序的，依照本法以及相关法律规定处理并追究法律责任。

第二章 反洗钱监督管理

第十三条 国务院反洗钱行政主管部门组织、协调全国的反洗钱工作，负责反洗钱的资金监测，制定或者会同国务院有关金融管理部门制定金融机构反洗钱管理规定，监督检查金融机构履行反洗钱义务的情况，在职责范围内调查可疑交易活动，履行法律和国务院规定的有关反洗钱的其他职责。

国务院反洗钱行政主管部门的派出机构在国务院反洗钱行政主管部门的授权范围内，对金融机构履行反洗钱义务的情况进行监督检查。

第十四条 国务院有关金融管理部门参与制定所监

督管理的金融机构反洗钱管理规定，履行法律和国务院规定的有关反洗钱的其他职责。

有关金融管理部门应当在金融机构市场准入中落实反洗钱审查要求，在监督管理工作中发现金融机构违反反洗钱规定的，应当将线索移送反洗钱行政主管部门，并配合其进行处理。

第十五条 国务院有关特定非金融机构主管部门制定或者国务院反洗钱行政主管部门会同其制定特定非金融机构反洗钱管理规定。

有关特定非金融机构主管部门监督检查特定非金融机构履行反洗钱义务的情况，处理反洗钱行政主管部门提出的反洗钱监督管理建议，履行法律和国务院规定的有关反洗钱的其他职责。有关特定非金融机构主管部门根据需要，可以请求反洗钱行政主管部门协助其监督检查。

第十六条 国务院反洗钱行政主管部门设立反洗钱监测分析机构。反洗钱监测分析机构开展反洗钱资金监测，负责接收、分析大额交易和可疑交易报告，移送分析结果，并按照规定向国务院反洗钱行政主管部门报告工作情况，履行国务院反洗钱行政主管部门规定的其他职责。

反洗钱监测分析机构根据依法履行职责的需要，可以要求履行反洗钱义务的机构提供与大额交易和可疑交易相关的补充信息。

反洗钱监测分析机构应当健全监测分析体系，根据洗钱风险状况有针对性地开展监测分析工作，按照规定向履行反洗钱义务的机构反馈可疑交易报告使用情况，不断提高监测分析水平。

第十七条　国务院反洗钱行政主管部门为履行反洗钱职责，可以从国家有关机关获取所必需的信息，国家有关机关应当依法提供。

国务院反洗钱行政主管部门应当向国家有关机关定期通报反洗钱工作情况，依法向履行与反洗钱相关的监督管理、行政调查、监察调查、刑事诉讼等职责的国家有关机关提供所必需的反洗钱信息。

第十八条　出入境人员携带的现金、无记名支付凭证等超过规定金额的，应当按照规定向海关申报。海关发现个人出入境携带的现金、无记名支付凭证等超过规定金额的，应当及时向反洗钱行政主管部门通报。

前款规定的申报范围、金额标准以及通报机制等，由国务院反洗钱行政主管部门、国务院外汇管理部门按照职责分工会同海关总署规定。

第十九条　国务院反洗钱行政主管部门会同国务院有关部门建立法人、非法人组织受益所有人信息管理制度。

法人、非法人组织应当保存并及时更新受益所有人信息，按照规定向登记机关如实提交并及时更新受益所有人信息。反洗钱行政主管部门、登记机关按照规定管理受益所有人信息。

反洗钱行政主管部门、国家有关机关为履行职责需要，可以依法使用受益所有人信息。金融机构和特定非金融机构在履行反洗钱义务时依法查询核对受益所有人信息；发现受益所有人信息错误、不一致或者不完整的，应当按照规定进行反馈。使用受益所有人信息应当依法保护信息安全。

本法所称法人、非法人组织的受益所有人，是指最终拥有或者实际控制法人、非法人组织，或者享有法人、非法人组织最终收益的自然人。具体认定标准由国务院反洗钱行政主管部门会同国务院有关部门制定。

第二十条 反洗钱行政主管部门和其他依法负有反洗钱监督管理职责的部门发现涉嫌洗钱以及相关违法犯罪的交易活动，应当将线索和相关证据材料移送有管辖权的机关处理。接受移送的机关应当按照有关规定反馈处理结果。

第二十一条 反洗钱行政主管部门为依法履行监督管理职责，可以要求金融机构报送履行反洗钱义务情况，对金融机构实施风险监测、评估，并就金融机构执行本法以及相关管理规定的情况进行评价。必要时可以按照规定约谈金融机构的董事、监事、高级管理人员以及反洗钱工作直接负责人，要求其就有关事项说明情况；对金融机构履行反洗钱义务存在的问题进行提示。

第二十二条 反洗钱行政主管部门进行监督检查时，可以采取下列措施：

（一）进入金融机构进行检查；

（二）询问金融机构的工作人员，要求其对有关被检查事项作出说明；

（三）查阅、复制金融机构与被检查事项有关的文件、资料，对可能被转移、隐匿或者毁损的文件、资料予以封存；

（四）检查金融机构的计算机网络与信息系统，调取、保存金融机构的计算机网络与信息系统中的有关数据、信息。

进行前款规定的监督检查，应当经国务院反洗钱行政主管部门或者其设区的市级以上派出机构负责人批准。检查人员不得少于二人，并应当出示执法证件和检查通知书；检查人员少于二人或者未出示执法证件和检查通知书的，金融机构有权拒绝接受检查。

第二十三条 国务院反洗钱行政主管部门会同国家有关机关评估国家、行业面临的洗钱风险，发布洗钱风险指引，加强对履行反洗钱义务的机构指导，支持和鼓励反洗钱领域技术创新，及时监测与新领域、新业态相关的新型洗钱风险，根据洗钱风险状况优化资源配置，完善监督管理措施。

第二十四条 对存在严重洗钱风险的国家或者地区，国务院反洗钱行政主管部门可以在征求国家有关机关意见的基础上，经国务院批准，将其列为洗钱高风险国家或者地区，并采取相应措施。

第二十五条 履行反洗钱义务的机构可以依法成立反洗钱自律组织。反洗钱自律组织与相关行业自律组织协同开展反洗钱领域的自律管理。

反洗钱自律组织接受国务院反洗钱行政主管部门的指导。

第二十六条 提供反洗钱咨询、技术、专业能力评价等服务的机构及其工作人员，应当勤勉尽责、恪尽职守地提供服务；对于因提供服务获得的数据、信息，应当依法妥善处理，确保数据、信息安全。

国务院反洗钱行政主管部门应当加强对上述机构开展反洗钱有关服务工作的指导。

第三章 反洗钱义务

第二十七条 金融机构应当依照本法规定建立健全反洗钱内部控制制度，设立专门机构或者指定内设机构牵头负责反洗钱工作，根据经营规模和洗钱风险状况配备相应的人员，按照要求开展反洗钱培训和宣传。

金融机构应当定期评估洗钱风险状况并制定相应的

风险管理制度和流程，根据需要建立相关信息系统。

金融机构应当通过内部审计或者社会审计等方式，监督反洗钱内部控制制度的有效实施。

金融机构的负责人对反洗钱内部控制制度的有效实施负责。

第二十八条 金融机构应当按照规定建立客户尽职调查制度。

金融机构不得为身份不明的客户提供服务或者与其进行交易，不得为客户开立匿名账户或者假名账户，不得为冒用他人身份的客户开立账户。

第二十九条 有下列情形之一的，金融机构应当开展客户尽职调查：

（一）与客户建立业务关系或者为客户提供规定金额以上的一次性金融服务；

（二）有合理理由怀疑客户及其交易涉嫌洗钱活动；

（三）对先前获得的客户身份资料的真实性、有效性、完整性存在疑问。

客户尽职调查包括识别并采取合理措施核实客户及其受益所有人身份，了解客户建立业务关系和交易的目的，涉及较高洗钱风险的，还应当了解相关资金来源和用途。

金融机构开展客户尽职调查，应当根据客户特征和交易活动的性质、风险状况进行，对于涉及较低洗钱风险的，金融机构应当根据情况简化客户尽职调查。

第三十条 在业务关系存续期间，金融机构应当持续关注并评估客户整体状况及交易情况，了解客户的洗钱风险。发现客户进行的交易与金融机构所掌握的客户身份、风险状况等不符的，应当进一步核实客户及其交易有关情况；对存在洗钱高风险情形的，必要时可以采取限制交易方式、金额或者频次，限制业务类型，拒绝办理业务，终止业务关系等洗钱风险管理措施。

金融机构采取洗钱风险管理措施，应当在其业务权限范围内按照有关管理规定的要求和程序进行，平衡好管理洗钱风险与优化金融服务的关系，不得采取与洗钱风险状况明显不相匹配的措施，保障与客户依法享有的医疗、社会保障、公用事业服务等相关的基本的、必需的金融服务。

第三十一条 客户由他人代理办理业务的，金融机构应当按照规定核实代理关系，识别并核实代理人的身份。

金融机构与客户订立人身保险、信托等合同，合同的受益人不是客户本人的，金融机构应当识别并核实受益人的身份。

第三十二条 金融机构依托第三方开展客户尽职调查的，应当评估第三方的风险状况及其履行反洗钱义务的能力。第三方具有较高风险情形或者不具备履行反洗钱义务能力的，金融机构不得依托其开展客户尽职调查。

金融机构应当确保第三方已经采取符合本法要求的客户尽职调查措施。第三方未采取符合本法要求的客户尽职调查措施的，由该金融机构承担未履行客户尽职调查义务的法律责任。

第三方应当向金融机构提供必要的客户尽职调查信息，并配合金融机构持续开展客户尽职调查。

第三十三条 金融机构进行客户尽职调查，可以通过反洗钱行政主管部门以及公安、市场监督管理、民政、税务、移民管理、电信管理等部门依法核实客户身份等有关信息，相关部门应当依法予以支持。

国务院反洗钱行政主管部门应当协调推动相关部门为金融机构开展客户尽职调查提供必要的便利。

第三十四条 金融机构应当按照规定建立客户身份资料和交易记录保存制度。

在业务关系存续期间，客户身份信息发生变更的，应当及时更新。

客户身份资料在业务关系结束后、客户交易信息在交易结束后，应当至少保存十年。

金融机构解散、被撤销或者被宣告破产时，应当将客户身份资料和客户交易信息移交国务院有关部门指定的机构。

第三十五条 金融机构应当按照规定执行大额交易报告制度，客户单笔交易或者在一定期限内的累计交易超过规定金额的，应当及时向反洗钱监测分析机构报告。

金融机构应当按照规定执行可疑交易报告制度，制定并不断优化监测标准，有效识别、分析可疑交易活动，及时向反洗钱监测分析机构提交可疑交易报告；提交可疑交易报告的情况应当保密。

第三十六条 金融机构应当在反洗钱行政主管部门的指导下，关注、评估运用新技术、新产品、新业务等带来的洗钱风险，根据情形采取相应措施，降低洗钱风险。

第三十七条 在境内外设有分支机构或者控股其他金融机构的金融机构，以及金融控股公司，应当在总部或者集团层面统筹安排反洗钱工作。为履行反洗钱义务在公司内部、集团成员之间共享必要的反洗钱信息的，应当明确信息共享机制和程序。共享反洗钱信息，应当符合有关信息保护的法律规定，并确保相关信息不被用于反洗钱和反恐怖主义融资以外的用途。

第三十八条 与金融机构存在业务关系的单位和个人应当配合金融机构的客户尽职调查，提供真实有效的身份证件或者其他身份证明文件，准确、完整填报身份信息，如实提供与交易和资金相关的资料。

单位和个人拒不配合金融机构依照本法采取的合理的客户尽职调查措施的，金融机构按照规定的程序，可以采取限制或者拒绝办理业务、终止业务关系等洗钱风险管理措施，并根据情况提交可疑交易报告。

第三十九条 单位和个人对金融机构采取洗钱风险管理措施有异议的，可以向金融机构提出。金融机构应当在十五日内进行处理，并将结果答复当事人；涉及客户基本的、必需的金融服务的，应当及时处理并答复当事人。相关单位和个人逾期未收到答复，或者对处理结果不满意的，可以向反洗钱行政主管部门投诉。

前款规定的单位和个人对金融机构采取洗钱风险管理措施有异议的，也可以依法直接向人民法院提起诉讼。

第四十条 任何单位和个人应当按照国家有关机关要求对下列名单所列对象采取反洗钱特别预防措施：

（一）国家反恐怖主义工作领导机构认定并由其办事机构公告的恐怖活动组织和人员名单；

（二）外交部发布的执行联合国安理会决议通知中涉及定向金融制裁的组织和人员名单；

（三）国务院反洗钱行政主管部门认定或者会同国家有关机关认定的，具有重大洗钱风险、不采取措施可能造成严重后果的组织和人员名单。

对前款第一项规定的名单有异议的，当事人可以依照《中华人民共和国反恐怖主义法》的规定申请复核。对前款第二项规定的名单有异议的，当事人可以按照有关程序提出从名单中除去的申请。对前款第三项规定的名单有异议的，当事人可以向作出认定的部门申请行政复议；对行政复议决定不服的，可以依法提起行政诉讼。

反洗钱特别预防措施包括立即停止向名单所列对象及其代理人、受其指使的组织和人员、其直接或者间接控制的组织提供金融等服务或者资金、资产，立即限制相关资金、资产转移等。

第一款规定的名单所列对象可以按照规定向国家有关机关申请使用被限制的资金、资产用于单位和个人的基本开支及其他必需支付的费用。采取反洗钱特别预防措施应当保护善意第三人合法权益，善意第三人可以依法进行权利救济。

第四十一条 金融机构应当识别、评估相关风险并制定相应的制度，及时获取本法第四十条第一款规定的名单，对客户及其交易对象进行核查，采取相应措施，并向反洗钱行政主管部门报告。

第四十二条 特定非金融机构在从事规定的特定业务时，参照本章关于金融机构履行反洗钱义务的相关规定，根据行业特点、经营规模、洗钱风险状况履行反洗钱义务。

第四章 反洗钱调查

第四十三条 国务院反洗钱行政主管部门或者其设区的市级以上派出机构发现涉嫌洗钱的可疑交易活动或者违反本法规定的其他行为，需要调查核实的，经国务院反洗钱行政主管部门或者其设区的市级以上派出机构负责人批准，可以向金融机构、特定非金融机构发出调查通知书，开展反洗钱调查。

反洗钱行政主管部门开展反洗钱调查，涉及特定非金融机构的，必要时可以请求有关特定非金融机构主管部门予以协助。

金融机构、特定非金融机构应当配合反洗钱调查，在规定时限内如实提供有关文件、资料。

开展反洗钱调查，调查人员不得少于二人，并应当出示执法证件和调查通知书；调查人员少于二人或者未出示执法证件和调查通知书的，金融机构、特定非金融机构有权拒绝接受调查。

第四十四条 国务院反洗钱行政主管部门或者其设区的市级以上派出机构开展反洗钱调查，可以采取下列措施：

（一）询问金融机构、特定非金融机构有关人员，要求其说明情况；

（二）查阅、复制被调查对象的账户信息、交易记录和其他有关资料；

（三）对可能被转移、隐匿、篡改或者毁损的文件、资料予以封存。

询问应当制作询问笔录。询问笔录应当交被询问人核对。记载有遗漏或者差错的，被询问人可以要求补充或者更正。被询问人确认笔录无误后，应当签名或者盖章；调查人员也应当在笔录上签名。

调查人员封存文件、资料，应当会同金融机构、特定非金融机构的工作人员查点清楚，当场开列清单一式二份，由调查人员和金融机构、特定非金融机构的工作人员签名或者盖章，一份交金融机构或者特定非金融机构，一份附卷备查。

第四十五条 经调查仍不能排除洗钱嫌疑或者发现其他违法犯罪线索的，应当及时向有管辖权的机关移送。接受移送的机关应当按照有关规定反馈处理结果。

客户转移调查所涉及的账户资金的，国务院反洗钱行政主管部门认为必要时，经其负责人批准，可以采取临时冻结措施。

接受移送的机关接到线索后，对已依照前款规定临时冻结的资金，应当及时决定是否继续冻结。接受移送的机关认为需要继续冻结的，依照相关法律规定采取冻结措施；认为不需要继续冻结的，应当立即通知国务院反洗钱行政主管部门，国务院反洗钱行政主管部门应当立即通知金融机构解除冻结。

临时冻结不得超过四十八小时。金融机构在按照国务院反洗钱行政主管部门的要求采取临时冻结措施后四十八小时内，未接到国家有关机关继续冻结通知的，应当立即解除冻结。

第五章　反洗钱国际合作

第四十六条　中华人民共和国根据缔结或者参加的国际条约，或者按照平等互惠原则，开展反洗钱国际合作。

第四十七条　国务院反洗钱行政主管部门根据国务院授权，负责组织、协调反洗钱国际合作，代表中国政府参与有关国际组织活动，依法与境外相关机构开展反洗钱合作，交换反洗钱信息。

国家有关机关依法在职责范围内开展反洗钱国际合作。

第四十八条　涉及追究洗钱犯罪的司法协助，依照《中华人民共和国国际刑事司法协助法》以及有关法律的规定办理。

第四十九条　国家有关机关在依法调查洗钱和恐怖主义融资活动过程中，按照对等原则或者经与有关国家协商一致，可以要求在境内开立代理行账户或者与我国存在其他密切金融联系的境外金融机构予以配合。

第五十条　外国国家、组织违反对等、协商一致原则直接要求境内金融机构提交客户身份资料、交易信息，扣押、冻结、划转境内资金、资产，或者作出其他行动的，金融机构不得擅自执行，并应当及时向国务院有关金融管理部门报告。

除前款规定外，外国国家、组织基于合规监管的需要，要求境内金融机构提供概要性合规信息、经营信息等信息的，境内金融机构向国务院有关金融管理部门和国家有关机关报告后可以提供或者予以配合。

前两款规定的资料、信息涉及重要数据和个人信息的，还应当符合国家数据安全管理、个人信息保护有关规定。

第六章　法律责任

第五十一条　反洗钱行政主管部门和其他依法负有反洗钱监督管理职责的部门从事反洗钱工作的人员有下列行为之一的，依法给予处分：

（一）违反规定进行检查、调查或者采取临时冻结措施；

（二）泄露因反洗钱知悉的国家秘密、商业秘密或者个人隐私、个人信息；

（三）违反规定对有关机构和人员实施行政处罚；

（四）其他不依法履行职责的行为。

其他国家机关工作人员有前款第二项行为的，依法给予处分。

第五十二条　金融机构有下列情形之一的，由国务院反洗钱行政主管部门或者其设区的市级以上派出机构责令限期改正；情节较重的，给予警告或者处二十万元以下罚款；情节严重或者逾期未改正的，处二十万元以上二百万元以下罚款，可以根据情形在职责范围内或者建议有关金融管理部门限制或者禁止其开展相关业务：

（一）未按照规定制定、完善反洗钱内部控制制度规范；

（二）未按照规定设立专门机构或者指定内设机构牵头负责反洗钱工作；

（三）未按照规定根据经营规模和洗钱风险状况配备相应人员；

（四）未按照规定开展洗钱风险评估或者健全相应的风险管理制度；

（五）未按照规定制定、完善可疑交易监测标准；

（六）未按照规定开展反洗钱内部审计或者社会审计；

（七）未按照规定开展反洗钱培训；

（八）应当建立反洗钱相关信息系统而未建立，或者未按照规定完善反洗钱相关信息系统；

（九）金融机构的负责人未能有效履行反洗钱职责。

第五十三条　金融机构有下列行为之一的，由国务院反洗钱行政主管部门或者其设区的市级以上派出机构责令限期改正，可以给予警告或者处二十万元以下罚款；

情节严重或者逾期未改正的，处二十万元以上二百万元以下罚款：

（一）未按照规定开展客户尽职调查；

（二）未按照规定保存客户身份资料和交易记录；

（三）未按照规定报告大额交易；

（四）未按照规定报告可疑交易。

第五十四条 金融机构有下列行为之一的，由国务院反洗钱行政主管部门或者其设区的市级以上派出机构责令限期改正，处五十万元以下罚款；情节严重的，处五十万元以上五百万元以下罚款，可以根据情形在职责范围内或者建议有关金融管理部门限制或者禁止其开展相关业务：

（一）为身份不明的客户提供服务、与其进行交易，为客户开立匿名账户、假名账户，或者为冒用他人身份的客户开立账户；

（二）未按照规定对洗钱高风险情形采取相应洗钱风险管理措施；

（三）未按照规定采取反洗钱特别预防措施；

（四）违反保密规定，查询、泄露有关信息；

（五）拒绝、阻碍反洗钱监督管理、调查，或者故意提供虚假材料；

（六）篡改、伪造或者无正当理由删除客户身份资料、交易记录；

（七）自行或者协助客户以拆分交易等方式故意逃避履行反洗钱义务。

第五十五条 金融机构有本法第五十三条、第五十四条规定的行为，致使犯罪所得及其收益通过本机构得以掩饰、隐瞒的，或者致使恐怖主义融资后果发生的，由国务院反洗钱行政主管部门或者其设区的市级以上派出机构责令限期改正，涉及金额不足一千万元的，处五十万元以上一千万元以下罚款；涉及金额一千万元以上的，处涉及金额百分之二十以上二倍以下罚款；情节严重的，可以根据情形在职责范围内实施或者建议有关金融管理部门实施限制、禁止其开展相关业务，或者责令停业整顿、吊销经营许可证等处罚。

第五十六条 国务院反洗钱行政主管部门或者其设区的市级以上派出机构依照本法第五十二条至第五十四条规定对金融机构进行处罚的，还可以根据情形对负有责任的董事、监事、高级管理人员或者其他直接责任人员，给予警告或者处二十万元以下罚款；情节严重的，可以根据情形在职责范围内实施或者建议有关金融管理部门实施取消其任职资格、禁止其从事有关金融行业工作等处罚。

国务院反洗钱行政主管部门或者其设区的市级以上派出机构依照本法第五十五条规定对金融机构进行处罚的，还可以根据情形对负有责任的董事、监事、高级管理人员或者其他直接责任人员，处二十万元以上一百万元以下罚款；情节严重的，可以根据情形在职责范围内实施或者建议有关金融管理部门实施取消其任职资格、禁止其从事有关金融行业工作等处罚。

前两款规定的金融机构董事、监事、高级管理人员或者其他直接责任人员能够证明自己已经勤勉尽责采取反洗钱措施的，可以不予处罚。

第五十七条 金融机构违反本法第五十条规定擅自采取行动的，由国务院有关金融管理部门处五十万元以下罚款；情节严重的，处五十万元以上五百万元以下罚款；造成损失的，并处所造成直接经济损失一倍以上五倍以下罚款。对负有责任的董事、监事、高级管理人员或者其他直接责任人员，可以由国务院有关金融管理部门给予警告或者处五十万元以下罚款。

境外金融机构违反本法第四十九条规定，对国家有关机关的调查不予配合的，由国务院反洗钱行政主管部门依照本法第五十四条、第五十六条规定进行处罚，并可以根据情形将其列入本法第四十条第一款第三项规定的名单。

第五十八条 特定非金融机构违反本法规定的，由有关特定非金融机构主管部门责令限期改正；情节较重的，给予警告或者处五万元以下罚款；情节严重或者逾期未改正的，处五万元以上五十万元以下罚款；对有关负责人，可以给予警告或者处五万元以下罚款。

第五十九条 金融机构、特定非金融机构以外的单位和个人未依照本法第四十条规定履行反洗钱特别预防措施义务的，由国务院反洗钱行政主管部门或者其设区的市级以上派出机构责令限期改正；情节严重的，对单位给予警告或者处二十万元以下罚款，对个人给予警告或者处五万元以下罚款。

第六十条 法人、非法人组织未按照规定向登记机关提交受益所有人信息的，由登记机关责令限期改正；拒不改正的，处五万元以下罚款。向登记机关提交虚假或者不实的受益所有人信息，或者未按照规定及时更新受益所有人信息的，由国务院反洗钱行政主管部门或者其设区的市级以上派出机构责令限期改正；拒不改正的，处五万元以下罚款。

第六十一条 国务院反洗钱行政主管部门应当综合考虑金融机构的经营规模、内部控制制度执行情况、勤勉尽责程度、违法行为持续时间、危害程度以及整改情况等因素，制定本法相关行政处罚裁量基准。

第六十二条 违反本法规定，构成犯罪的，依法追究刑事责任。

利用金融机构、特定非金融机构实施或者通过非法渠道实施洗钱犯罪的，依法追究刑事责任。

第七章　附　　则

第六十三条　在境内设立的下列机构，履行本法规定的金融机构反洗钱义务：

（一）银行业、证券基金期货业、保险业、信托业金融机构；

（二）非银行支付机构；

（三）国务院反洗钱行政主管部门确定并公布的其他从事金融业务的机构。

第六十四条　在境内设立的下列机构，履行本法规定的特定非金融机构反洗钱义务：

（一）提供房屋销售、房屋买卖经纪服务的房地产开发企业或者房地产中介机构；

（二）接受委托为客户办理买卖不动产，代管资金、证券或者其他资产，代管银行账户、证券账户，为成立、运营企业筹措资金以及代理买卖经营性实体业务的会计师事务所、律师事务所、公证机构；

（三）从事规定金额以上贵金属、宝石现货交易的交易商；

（四）国务院反洗钱行政主管部门会同国务院有关部门根据洗钱风险状况确定的其他需要履行反洗钱义务的机构。

第六十五条　本法自 2025 年 1 月 1 日起施行。

关于《中华人民共和国反洗钱法（修订草案）》的说明

——2024 年 4 月 23 日在第十四届全国人民代表大会常务委员会第九次会议上

中国人民银行行长　潘功胜

全国人民代表大会常务委员会：

我受国务院委托，现对《中华人民共和国反洗钱法（修订草案）》（以下简称修订草案）作说明。

一、背景情况

党中央高度重视反洗钱和金融法治建设工作。党的二十大报告指出，要加强和完善现代金融监管，守住不发生系统性风险底线，强化经济、金融等安全保障体系建设。习近平总书记强调，要及时推进金融重点领域和新兴领域立法，抓紧修订反洗钱法等法律，使所有资金流动都置于金融监管机构的监督视野之内。李强总理要求积极推进金融法律法规立改废释，对此作出具体部署。

健全反洗钱监管制度是完善现代金融监管体系的重要内容，是推动金融高质量发展的重要方面。现行反洗钱法自 2007 年 1 月 1 日起施行，在增强反洗钱监管效能、打击洗钱及其上游犯罪、深化反洗钱国际治理与合作等方面发挥了重要作用。但是，近年来反洗钱工作也暴露出一些问题，有必要立足我国实际，结合新形势新要求，抓紧修改完善反洗钱法。修订反洗钱法已列入全国人大常委会和国务院立法工作计划。

中国人民银行在广泛调研、听取各有关方面意见并向社会公开征求意见的基础上，向国务院报送了送审稿。司法部征求了中央有关单位、各省级人民政府、履行反洗钱义务的机构和有关行业协会等方面意见，开展实地调研，就有关问题深入研究论证、多次沟通协调，会同中国人民银行反复研究修改，形成了修订草案。修订草案已经国务院常务会议讨论通过。

二、总体思路和主要内容

修订草案遵循以下总体思路：一是坚持正确政治方向，规定反洗钱工作应当贯彻落实党和国家路线方针政策、决策部署，完善监督管理体制机制，健全风险预防体系。二是坚持问题导向，加强反洗钱监督管理，按照“风险为本”原则合理确定相关各方义务，同时避免过多增加社会成本。三是坚持总体国家安全观，统筹发展和安全，完善反洗钱有关制度，维护国家利益以及我国公民、法人的合法权益。

修订草案共 7 章 62 条，主要规定了以下内容：

（一）明确本法适用范围。明确反洗钱是指为了预防和遏制通过各种方式掩饰、隐瞒犯罪所得及其收益的来源和性质的洗钱活动，以及相关犯罪活动，依照本法规定采取相关措施的行为。预防和遏制恐怖主义融资活动适用本法。

（二）加强反洗钱监督管理。一是明确职责分工。国务院反洗钱行政主管部门（中国人民银行）负责全国的反洗钱监督管理工作，与国务院有关部门、国家监察机关和司法机关相互配合；国务院有关部门在各自的职责范围内履行反洗钱监督管理职责。二是完善金融机构反洗钱监管。规定国务院反洗钱行政主管部门制定或者会同国务院有关金融管理部门制定金融机构反洗钱管理规定；反洗钱行政主管部门监督检查金融机构履行反洗钱义务的情况，有关金融管理部门在金融机构市场准入中落实反洗钱审查要求，将在监督管理工作中发现的违反反洗钱规定的线索移送反洗钱行政主管部门，并配合处理。三是明确特定非金融机构的范围及反洗钱监管。有关主管部门监督检查特定非金融机构履行反洗钱义务的情况，根据需要提请反洗钱行政主管部门协助。四是加强风险防控与监督管理。规定反洗钱资金监测，国家、行业洗钱风险评估制度；明确反洗钱行政主管部门可以采取监督检查措施，开展反洗钱调查。五是完善国务院反洗钱行政主管部门与国家有关机关的反洗钱信息共享机制，建立受益所有人信息管理、使用制度。

（三）完善反洗钱义务规定。一是规定金融机构反洗钱义务，主要包括：建立健全反洗钱内控制度并有效实施；开展客户尽职调查，了解客户身份、交易背景和风险状况；保存客户身份资料和交易记录；有效执行大额交易报告制度和可疑交易报告制度。二是规定特定非金融机构反洗钱义务，要求其在从事本法规定的特定业务时，应当参照金融机构履行反洗钱义务。三是规定单位和个人不得从事洗钱活动或者为洗钱活动提供便利，应当配合金融机构和特定非金融机构依法开展的客户尽职调查等。

此外，修订草案还规定了本法的域外适用效力，完善了法律责任规定，加大了对违法行为的处罚力度。

修订草案及以上说明是否妥当，请审议。

全国人民代表大会宪法和法律委员会关于《中华人民共和国反洗钱法（修订草案）》修改情况的汇报

全国人民代表大会常务委员会：

常委会第九次会议对反洗钱法修订草案进行了初次审议。会后，法制工作委员会将修订草案印发部分省（区、市）人大常委会、中央有关部门和部分高等院校、研究机构、基层立法联系点、金融机构等征求意见；在中国人大网全文公布修订草案，征求社会公众意见。宪法和法律委员会、财政经济委员会、法制工作委员会联合召开座谈会，听取有关部门、专家学者、人大代表对修订草案的意见。宪法和法律委员会、法制工作委员会到浙江、福建、江苏、上海、北京、四川等地调研，听取意见；并就一些重要问题会同有关方面共同研究。宪法和法律委员会于 8 月 16 日召开会议，根据常委会组成人员的审议意见和各方面的意见，对修订草案进行了逐条审议。财政经济委员会、司法部、中国人民银行有关负责同志列席了会议。8 月 27 日，宪法和法律委员会召开会议，再次进行了审议。现将反洗钱法修订草案主要问题修改情况汇报如下：

一、有的常委委员、地方、部门、社会公众和基层立法联系点提出，预防洗钱活动和遏制洗钱以及相关犯罪，采取反洗钱措施，与宪法关于维护社会经济秩序的有关规定有密切联系，建议明确宪法是本法的立法依据，并对加强、规范和依法开展反洗钱工作提出要求。宪法和法律委员会经研究，建议采纳这一意见，并作以下修改：一是在立法目的中增加规定“加强和规范反洗钱工作”、“根据宪法”。二是增加一条，规定反洗钱工作应当依法进行，确保反洗钱措施与洗钱风险相适应，保障资金流转和金融服务正常进行，维护单位和个人的合法权益。

二、修订草案第二条规定了反洗钱的定义。有的常委会组成人员、地方、部门、专家学者和社会公众提出，适应反洗钱新形势新要求，有必要扩大洗钱的上游犯罪范围，同时又要突出反洗钱工作的重点，做好与刑法相关规定的衔接。宪法和法律委员会经研究，建议采纳这一意见，在现行法规定基础上，将第二条第一款修改为“本法所称反洗钱，是指为了预防通过各种方式掩饰、隐瞒毒品犯罪、黑社会性质的组织犯罪、恐怖活动犯罪、走私犯罪、贪污贿赂犯罪、破坏金融管理秩序犯罪、金融诈骗犯罪和其他犯罪所得及其收益的来源、性质的洗钱活动，依照本法规定采取相关措施的行为。”

三、有的常委委员、地方、部门、社会公众和基层立法联系点提出，反洗钱工作涉及大量的客户身份资料和金融交易信息，应当严格保护信息安全。宪法和法律委员会经研究，建议作以下修改：一是恢复现行反洗钱法关于严格规范反洗钱信息使用的规定，同时增加对个人隐私的保护。二是进一步明确提供反洗钱服务的机构及其工作人员对于因提供服务获得的数据、信息，应当依法妥善处理，确保数据、信息安全。三是在有关反洗钱行政主管部门工作人员违反规定泄露反洗钱信息的法律责任条款中，增加其他国家机关工作人员相应行为的责任。

四、有的常委委员、地方、部门、社会公众和基层立法联系点建议，加大对各类新型洗钱风险的监测。宪法和法律委员会经研究，建议作以下修改：一是增加规定国务院反洗钱行政主管部门会同国家有关机关发布洗钱风险指引，及时监测与新领域、新业态相关的新型洗钱风险。二是增加规定反洗钱监测分析机构健全监测分析体系，提升反洗钱监测水平。三是增加规定金融机构应当关注、评估新业务等带来的洗钱风险，根据情形采取相应措施，降低洗钱风险。

五、修订草案对金融机构开展客户尽职调查、采取洗钱风险管理措施等作了规定。有的常委委员、地方、部门和社会公众提出，相关措施涉及单位和个人的权益，建议对金融机构如何处理好管理洗钱风险与优化金融服务的关系作出规定和要求。宪法和法律委员会经研究，建议作以下修改：一是增加规定金融机构开展客户尽职调查，应当根据客户特征和交易活动的性质、风险状况进行；对于涉及较低洗钱风险的，应当根据情况简化客户尽职调查。二是明确金融机构采取洗钱风险管理措施的条件，对涉及可疑交易的，可以根据客户洗钱风险状况和降低洗钱风险的需要采取措施；采取措施应当按照相关规定和程序，不得采取与洗钱风险状况明显不相匹配的措施，并保障客户基本的、必需的金融服务；简化救济程序，规定单位和个人对洗钱风险管理措施有异议的，可以依法直接向人民法院提起诉讼。

六、修订草案第六十条第二款规定，特定非金融机构参照本法第三章关于金融机构的相关规定履行反洗钱义务。有的常委委员、地方、部门和社会公众提出，特定非金融机构情况复杂，涉及行业、经营规模等各不相同，法律中可对其履行反洗钱义务只作原则规定，具体要求可由有关部门制定配套规定。宪法和法律委员会经研究，建议采纳这一意见，将该款规定移至第三章最后，并增加规定特定非金融机构根据行业特点、经营规模、洗钱风险状况履行反洗钱义务；增加有关部门可以制定特定非金融机构履行反洗钱义务的具体办法的规定。

七、修订草案第六章对违反本法的法律责任作了规定。有的常委委员、地方、部门和社会公众提出，反洗钱义务主体涉及行业多，经营规模差异大，建议本着“过罚相当”原则，合理设定行政处罚。宪法和法律委员会经研究，建议在法律责任一章相关条款中根据情况分别增加一档处罚；适当调整相关条款中行政处罚的下限。

八、有的常委委员、部门和社会公众建议，对通过地下钱庄从事洗钱活动的刑事责任作出规定。宪法和法律委员会经研究，考虑到我国刑法对洗钱犯罪行为，不论是通过金融机构还是通过非法渠道实施，都有追究刑事责任的规定，为此，建议增加衔接性条款，规定利用金融机构、特定非金融机构实施或者通过非法渠道实施洗钱犯罪的，依法追究刑事责任。

此外，还对修订草案作了一些文字修改。

修订草案二次审议稿已按上述意见作了修改，宪法和法律委员会建议提请本次常委会会议继续审议。

修订草案二次审议稿和以上汇报是否妥当，请审议。

全国人民代表大会宪法和法律委员会

2024 年 9 月 10 日

全国人民代表大会宪法和法律委员会关于《中华人民共和国反洗钱法（修订草案）》审议结果的报告

全国人民代表大会常务委员会：

常委会第十一次会议对反洗钱法修订草案进行了二次审议。会后，法制工作委员会将修订草案二次审议稿印发中央有关部门和部分基层立法联系点、金融机构等征求意见；在中国人大网全文公布修订草案二次审议稿，征求社会公众意见。宪法和法律委员会、法制工作委员会到北京、广东等地调研，听取意见；并就一些重要问题会同有关方面共同研究。宪法和法律委员会于10月9日召开会议，根据常委会组成人员的审议意见和各方面的意见，对修订草案进行了逐条审议。财政经济委员会、司法部、中国人民银行有关负责同志列席了会议。10月25日，宪法和法律委员会召开会议，再次进行了审议。宪法和法律委员会认为，修订草案经过两次审议修改，已经比较成熟。同时，提出以下主要修改意见：

一、修订草案二次审议稿第三十条对金融机构采取洗钱风险管理措施作了规定。有的常委委员、部门、社会公众建议进一步明确其条件，以避免对客户正常的金融活动造成影响。宪法和法律委员会经研究，建议细化规定金融机构发现客户交易与客户身份、风险状况等不符的，采取进一步核实有关情况的措施；

存在洗钱高风险情形且有必要时，可以采取限制交易方式等措施。

二、修订草案二次审议稿第三十七条对金融机构在公司内部、集团成员之间共享反洗钱信息作了规定。有的常委会组成人员、部门、社会公众提出，机构内部反洗钱信息共享，也应当依法进行并保障信息安全。宪法和法律委员会经研究，建议增加规定共享反洗钱信息应当符合有关信息保护的法律规定。

三、修订草案二次审议稿第三十九条中规定，单位和个人对金融机构采取洗钱风险管理措施有异议的，金融机构应当在十五日内处理并答复。有的常委委员、地方、社会公众提出，有的金融服务，如社会保障、医疗费用的支取等，涉及客户基本生活必需，应当有快速通道及时处理。宪法和法律委员会经研究，建议增加规定洗钱风险管理措施涉及客户基本的、必需的金融服务的，金融机构应当及时处理。

四、修订草案二次审议稿第五十八条对有关单位和个人未依照本法第四十条规定履行反洗钱特别预防措施义务的法律责任作了规定。有的常委委员、社会公众建议对单位和个人分别规定处罚标准，以便于做到过罚相当。宪法和法律委员会经研究，建议采纳这一意见。

五、修订草案二次审议稿第六十一条对特定非金融机构及相关从业人员违反本法的，规定参照金融机构进行处罚。有的常委委员、地方、部门、社会公众提出，参照处罚不便于操作，建议对其单独规定处罚标准。宪法和法律委员会经研究，建议采纳这一意见。

还有一个问题需要报告。在修订草案二次审议稿征求意见过程中，有较多意见提出应当明确金融机构采取洗钱风险管理措施的，不得侵犯存款人取款权利。宪法和法律委员会、法制工作委员会就此问题与有关方面共同研究认为，商业银行法规定商业银行办理个人储蓄存款业务，应当遵循“存款自愿、取款自由”；商业银行应当保证存款本金和利息的支付，不得拖延、拒绝支付存款本金和利息。商业银行法的上述规定是明确的，商业银行与客户之间是平等主体间的民事关系，洗钱风险管理措施不是行政管制，金融机构采取洗钱风险管理措施应当在其业务权限范围内进行，不得擅自冻结或者变相冻结客户资金，侵犯其取款权利。

此外，还对修订草案二次审议稿作了一些文字修改。

10月22日，法制工作委员会召开会议，邀请部分全国人大代表、有关部门、基层反洗钱义务机构和相关专家学者等就修订草案主要制度规范的可行性、出台时机、实施的社会效果和可能出现的问题等进行评估。普遍认为，修订草案贯彻落实中央加强金融法治建设要求，坚持问题导向，系统完善反洗钱制度措施，平衡反洗钱工作与保障个人和组织合法权益的关系，结构合理，可操作性强，有利于提高反洗钱工作的法治化水平。修订草案充分吸收了各方面意见，已经比较成熟，建议审议通过。与会人员还对修订草案提出了一些具体修改意见，有的意见已经采纳。

修订草案三次审议稿已按上述意见作了修改，宪法和法律委员会建议提请本次常委会会议审议通过。

修订草案三次审议稿和以上报告是否妥当，请审议。

全国人民代表大会宪法和法律委员会

2024年11月4日

全国人民代表大会宪法和法律委员会关于《中华人民共和国反洗钱法（修订草案三次审议稿）》修改意见的报告

全国人民代表大会常务委员会：

本次常委会会议于 11 月 5 日下午对反洗钱法修订草案三次审议稿进行了分组审议。普遍认为，修订草案已经比较成熟，赞成进一步修改后，提请本次常委会会议表决通过。同时，有些常委会组成人员和列席人员还提出了一些修改意见和建议。宪法和法律委员会于 11 月 5 日晚召开会议，逐条研究了常委会组成人员和列席人员的审议意见，对修订草案进行统一审议。全国人大财政经济委员会、司法部、中国人民银行有关负责同志列席了会议。宪法和法律委员会认为，修订草案是可行的，同时，提出以下修改意见：

一、修订草案三次审议稿第二十三条对国务院反洗钱行政主管部门评估、监测新型洗钱风险作了规定。有的常委委员提出，为应对实践中利用各种新的技术手段从事洗钱活动，应当支持和鼓励反洗钱领域技术创新；主管部门也应当加强对反洗钱义务机构的指导。宪法和法律委员会经研究，建议采纳这一意见。

二、修订草案三次审议稿第三十条对金融机构采取洗钱风险管理措施作了规定。有的常委委员提出，金融机构作为企业，其采取洗钱风险管理措施与国家机关依法采取的行政强制措施性质不同，不包括对存款人存款进行冻结或者变相冻结。建议进一步明确金融机构采取洗钱风险管理措施的，应当在其业务权限范围内进行。宪法和法律委员会经研究，建议采纳这一意见。

三、修订草案三次审议稿第三十五条对金融机构应当按照规定报告可疑交易作了规定。有的常委委员提出，金融机构报告可疑交易这件事情本身不应向客户或者他人透露，以免影响反洗钱工作。宪法和法律委员会经研究，建议在该条中增加“提交可疑交易报告的情况应当保密”的规定。

经与有关部门研究，建议将修订后的反洗钱法的施行时间确定为 2025 年 1 月 1 日。

此外，根据常委会组成人员的审议意见，还对修订草案三次审议稿作了一些文字修改。

修订草案修改稿已按上述意见作了修改，宪法和法律委员会建议提请本次常委会会议审议通过。

修订草案修改稿和以上报告是否妥当，请审议。

全国人民代表大会宪法和法律委员会

2024 年 11 月 7 日

图书在版编目（CIP）数据

中华人民共和国反洗钱法新旧对照与重点解读 / 王宁编著. -- 北京 : 中国法治出版社, 2024. 11.

ISBN 978-7-5216-4821-8

Ⅰ. D922. 281. 5

中国国家版本馆 CIP 数据核字第 20242L58R4 号

责任编辑：刘晓霞　　　　封面设计：蒋　怡

中华人民共和国反洗钱法新旧对照与重点解读

ZHONGHUA RENMIN GONGHEGUO FANXIQIANFA XINJIU DUIZHAO YU ZHONGDIAN JIEDU

编著/王宁

经销/新华书店

印刷/三河市紫恒印装有限公司

开本/850 毫米×1168 毫米　32 开　　　　印张/ 3. 875　字数/ 82 千

版次/2024 年 11 月第 1 版　　　　2024 年 11 月第 1 次印刷

中国法治出版社出版

书号 ISBN 978-7-5216-4821-8　　　　定价：18. 00 元

北京市西城区西便门西里甲 16 号西便门办公区

邮政编码：100053　　　　传真：010-63141600

网址：http：//www. zgfzs. com　　　　**编辑部电话：010-63141664**

市场营销部电话：010-63141612　　　　**印务部电话：010-63141606**

（如有印装质量问题，请与本社印务部联系。）